Almas em Desfile

Chico Xavier
e Waldo Vieira

Almas em Desfile

pelo Espírito Hilário Silva

FEB

Copyright © 1960 *by*
FEDERAÇÃO ESPÍRITA BRASILEIRA – FEB

11ª edição – Impressão pequenas tiragens – 10/2024

ISBN 978-85-7328-327-3

Todos os direitos reservados. Nenhuma parte desta publicação pode ser reproduzida, armazenada ou transmitida, total ou parcialmente, por quaisquer métodos ou processos, sem autorização do detentor do *copyright*.

FEDERAÇÃO ESPÍRITA BRASILEIRA – FEB
SGAN 603 – Conjunto F – Avenida L2 Norte
70830-106 – Brasília (DF) – Brasil
www.febeditora.com.br
editorial@febnet.org.br
+55 61 2101 6161

Pedidos de livros à FEB
Comercial
Tel.: (61) 2101 6161 – comercial@febnet.org.br

Adquirindo esta obra, você está colaborando com as ações de assistência e promoção social da FEB e com o Movimento Espírita na divulgação do Evangelho de Jesus à luz do Espiritismo.

Dados Internacionais de Catalogação na Publicação (CIP)
(Federação Espírita Brasileira – Biblioteca de Obras Raras)

S586a	Silva, Hilário (Espírito)
	Almas em desfile / pelo Espírito Hilário Silva; [psicografado por] Francisco Cândido Xavier e Waldo Vieira. – 11. ed. – Impressão pequenas tiragens – Brasília: FEB, 2024.
	184 p.; 21 cm
	ISBN 978-85-7328-327-3
	1. Espiritismo. 2. Obras psicografadas. I. Xavier, Francisco Cândido, 1910–2002. II. Vieira, Waldo, 1932–2015. III. Federação Espírita Brasileira. IV. Título.
	CDD 133.9
	CDU 133.7
	CDE 80.01.00

Sumário

Na trilha humana — 9
Almas em desfile — 11

Primeira parte
Médium: Waldo Vieira

1. A fama de rico — 15
2. A evocação do comendador — 17
3. A força do exemplo — 21
4. O achado — 23
5. Proteção espiritual — 29
6. Renovação — 31
7. O tesouro oculto — 35
8. Em livros espíritas — 37
9. O telefonema — 41
10. O caso Pitanga — 43
11. Provação — 49
12. Cólera — 51
13. O médico e o fiscal — 53
14. Onde estará? — 55
15. O sofrimento alheio — 57

16. Promessas...   61
17. Clara   63
18. A tira de papel   69
19. Os vira-latas   71
20. Prisão ou absolvição   75
21. Dois meses antes   77
22. Para que discutir?   81
23. O funcionário condenado   83
24. O assalto da lisonja   89
25. Carolina e Agenor   91
26. Graças a Deus!   95

Segunda parte

Médium: Francisco Cândido Xavier

1. Evitando o crime   101
2. O golpe de vento   103
3. Podia ser pior   107
4. O caso do Aprígio   109
5. O porteiro e o almirante   115
6. Quinze minutos   117
7. O disfarce   121
8. A joia   123
9. Como não?   127
10. O mascarado   129
11. Falta de caridade   135
12. Tentações   137

13. O livre-pensador   139
14. Assim mesmo   141
15. Nunca mais voltou   143
16. Não perdoar   147
17. Pica-pau   149
18. Comigo, não!   159
19. Assistência mútua   161
20. Restabelecido   165
21. A confissão do zelador   167
22. Antes de chegar   169
23. Tesouro enterrado   171
24. Feliz sem saber   175
25. A dor de cabeça   177
26. Ao pé do ouvido   181

Na trilha
HUMANA

Movimentando rápidas pinceladas, Hilário Silva, neste livro, é um retratista de corações, conclamando-nos a sentir e refletir.[1] Com o emprego de tintas fracas ou fortes, revela quadros diversos, apresentando o que ele próprio nomeia como um desfile de almas.

E as telas se destacam.

O esforço premiado aparece junto à queda na invigilância. O aviso evangélico surge na estrada que a ignorância sombreia. Quem se ilude respira o ambiente de quem se esclarece. Há espíritos que caem, ao lado de espíritos que se levantam.

É a trilha humana com os seus sonhos e esperanças, flores e espinhos, alegrias e sofrimentos.

Por farol bendito fulgura, porém, a Doutrina Espírita, amparando e educando os caminheiros, em nome de Jesus.

Ainda assim, o que ressalta de cada página é o imperativo da compreensão fraterna para que não venhamos a tombar em nossas próprias deficiências.

---

[1] N.E.: a convite do Espírito Hilário Silva, os médiuns Waldo Vieira e Francisco Cândido Xavier receberam respectivamente a primeira e a segunda partes deste livro.

Hilário, pois, trazendo a lume os episódios que arranca ao livro da vida, não tem outro intuito senão o de afirmar que todos nós — os viajadores da experiência — precisamos do alimento amor, no prato da compaixão.

EMMANUEL
Uberaba (MG), 29 de agosto de 1960.
(Médium: Francisco Cândido Xavier)

Almas em Desfile

Sim, em toda parte e em todos os dias, há desfile de almas.

*

A vida garante a exibição.

E cada pedaço do mundo é recanto de passarela por onde transitam as criaturas, dando mostras de si mesmas.

*

Almas que se arrastam.
Almas que lutam.
Almas que riem.
Almas que choram.

*

Partilhando igualmente a marcha, caminha corretamente. Não recues, nem te apresses. Observa os companheiros, sem espanto e sem crítica, a fim de que a lição de cada um te sirva ao aprendizado.

Toda vez que te inclines para esse ou aquele caminheiro, estende o coração e as mãos, em forma de entendimento e de amor, porque todas as filas prosseguem adiante, com encontro marcado no túnel da morte. E do túnel da morte cada alma em desfile surgirá no Outro Lado para receber, no Posto de Pedágio do Destino, segundo o próprio merecimento.

HILÁRIO SILVA
Uberaba (MG), 29 de agosto de 1960.
(Médium: Waldo Vieira.)

Primeira parte

MÉDIUM: WALDO VIEIRA

1
A FAMA DE RICO

O coronel Manoel Rabelo, influente fazendeiro no Brasil Central, fora acometido de paralisia nas pernas.

Vivia no leito, rodeado pelos filhos atentos. Muito carinho. Assistência contínua.

No decurso da doença veio a conhecer a Doutrina Espírita, que lhe abriu novos horizontes à vida mental.

Pouco a pouco desprendia-se da ideia de posse.

Para que morrer com fama de rico?

Queria agora a paz, a bênção da paz.

Viúvo, dono de expressiva fortuna e prevendo a desencarnação próxima, chamou os quatro filhos adultos e repartiu entre eles os seus bens.

Terras, sítios, casas e animais, avaliados em seis milhões de cruzeiros, foram divididos escrupulosamente.

Com isso, porém, veio a reviravolta.

Donos de riqueza própria, os filhos se fizeram distantes e indiferentes.

Muito embora as rogativas paternas, as visitas eram raras e as atenções inexistentes.

Rabelo, muito triste e quase completamente abandonado, perguntava a si mesmo se não havia cometido precipitação ou imprudência.

Os filhos não eram espíritas e mostravam irresponsabilidade completa.

Nessa conjuntura, apareceu-lhe antigo e inesperado devedor. O coronel Antônio Matias, seu amigo da mocidade, veio desobrigar-se de empréstimo vultoso, que havia tomado sob palavra, e pagou-lhe dois milhões de cruzeiros, em cédulas de contado.

Na presença de dois dos filhos, Rabelo colocou o dinheiro em cofre-forte, ao pé da cama.

Sobreveio o imprevisto.

Os quatro filhos voltaram às antigas manifestações de ternura. Revezavam-se junto dele. Papas de aveia. Caldos de galinha. Frutas e vitaminas.

Mantinham cobertores quentes e fiscalizavam a passagem do vento pelas janelas.

Raramente Rabelo ficava algumas horas sozinho.

E, assim, viveu ainda dois anos, desencarnando em grande serenidade.

Exposto o cadáver à visitação pública, fecharam-se os filhos no quarto do morto e, abrindo aflitamente o cofre, somente encontraram lá um bilhete escrito e assinado pela vigorosa letra paterna, entre as páginas de surrado exemplar de *O evangelho segundo o espiritismo*.

O papel assim dizia:

Meus filhos,
Deus abençoe vocês todos.
O dinheiro que me restava distribuí entre vários amigos para obras espíritas de caridade. Lego, porém, a vocês, o capítulo XIV de O Evangelho segundo o Espiritismo.

E os quatro, extremamente desapontados, leram a legenda que se seguia:

"Honrai a vosso pai e a vossa mãe. — Piedade filial."

2
A EVOCAÇÃO DO COMENDADOR

Jorge Sales, o denodado orientador da instituição espírita, encontrava-se no habitual entendimento com Anatólio, o mentor desencarnado, por intermédio do médium.

As tarefas da noite haviam praticamente chegado ao fim, mas Jorge sentia-se necessitado de instrução e, por isso, dilatava a palestra, ao pé dos amigos, a constituírem o círculo de oração.

— Os obsidiados crescem de número — dizia Jorge preocupado —, e precisamos antepor providências...

— Sim — concordava o amigo espiritual —, é necessário estender o clima da serenidade e do trabalho, do entendimento e da prece...

E a conversação avançou:

— São lutas morais por toda parte... Jovens mal saídos da infância caem perturbados, de momento para outro... Velhinhos, na derradeira quadra da existência, enlouquecem de súbito... Tem havido suicídios, crimes...

O benfeitor consolava, pelo médium falante:

— Sim, meu amigo, toda paciência é pouca a fim de vencermos com segurança... Saibamos servir a todos, com muita compreensão da fraternidade...

— Tudo indica estarmos aqui sob a influência do velho comendador Antônio Paulo da Silveira Neves, que foi fazendeiro na região e está desencarnado há oitenta anos. Silveira Neves foi homem terrível... Consultei documentos na municipalidade e tenho ouvido pessoas da zona, cujos ascendentes lhe comungaram a intimidade... Possuía escravos em legião e, entre eles, era conhecido por flagelo de todos... Sustentava capatazes ferozes e comandava, ele próprio, o sofrimento dos cativos, que, às vezes, eram chicoteados até a morte... Não só isso. Colocava os sitiantes daqui uns contra os outros, provocando assassínios e ódios que até hoje persistem... Estou certo de que essa teia de obsessões e vinganças nasce da atração do velho comendador... Ele deve ser a causa inicial de tudo...

— Muito ponderada a sua palavra...
— O irmão conhece o infeliz?
— Sim, conheço...
— Tenho o máximo interesse em evocá-lo...
— Não acho prudente.
— Ora! são muitos os Espíritos rebeldes evidentemente vinculados a ele... Topo vários a cada semana... Uns se declaram vítimas do comendador, outros gritam pela presença do comendador, muitos acusam o comendador e outros ainda prometem que não haverá mudança aqui enquanto não liquidarem o comendador... Tenho assentado que, apesar de haver transcorrido muito tempo, é indispensável nos disponhamos a doutrinar esse Espírito. Sem esse contato, ao que julgo, será muito difícil a modificação para melhor de que estamos necessitados...

— Entendo o que diz — tornou Anatólio —, mas não faça a evocação. Seria de todo inoportuna...

— Mas escute, meu amigo! Eu também pareço sofrer a influência dessa perigosa entidade... As referências ao comendador desabam sobre mim como choques elétricos. Só em ouvir-lhe o nome, sinto-me mal... Imagine que já fui orar por ele, no próprio túmulo em que lhe sepultaram o corpo, tão impressionado vivo eu... Creio que se orássemos, chamando-o ao aparelho mediúnico...

— Mas não convém...

— Insistiria, no entanto... Um entendimento direto, entre esse Espírito perseguidor e nós, talvez desse bom resultado...

— A medida é desaconselhável.

— Será que Silveira Neves desencarnado está em plano superior, embora as atrocidades que tenha cometido?

— Ainda não... O ex-comendador vive em luta consigo mesmo...

— Então? Trazê-lo ao esclarecimento seria caridade...

— Isso, entretanto, não deve ser tentado.

— Meu amigo, por que a recusa, se o Espírito dele está em provas, segundo a sua própria informação?

— Apesar de tudo — replicou o Benfeitor —, a evocação não deve ser praticada...

O interlocutor, porém, não obstante respeitoso, perguntou semiexasperado:

— Mas por quê?

Vendo que o Instrutor silenciava discreto, repetiu:

— Diga! Diga, por quê?!...

Foi aí que Anatólio mudou o tom de voz e falou muito sereno:

— Jorge, meu amigo, a evocação não deve ser feita porque o ex-comendador Antônio Paulo da Silveira Neves é você mesmo... reencarnado.

3
A FORÇA DO EXEMPLO

José do Espírito Santo, modesto espírita de Nilópolis, estado do Rio de Janeiro, falava à porta do Centro, a pequeno grupo de amigos:

— Sim, meus irmãos, a caridade é a maior bênção.

Nisso, passam dois estudantes, ouvem breves trechos da palestra e avançam conversando:

— Você ouviu? Todo espírita é só "fachada"!

— Realmente. Fazem as coisas "para inglês ver".

Logo depois, os rapazes deparam com infeliz mendigo. Pálido e doente. Sem paletó. Camisa em frangalhos. Pele à mostra.

A tiritar de frio, estende-lhes a mão magra.

Um dos estudantes dá-lhe alguns centavos.

Notam, então, que José do Espírito Santo vem vindo sozinho pela rua. E um deles diz:

— Olhe! Lá vem o "tal"! Aposto que não dará nada a esse homem.

— Sim. Vamos ver. Afastemos um pouco, senão ele vai querer "fazer cartaz".

Os dois jovens ficaram escondidos na esquina, um pouco adiante.

O pedinte roga auxílio.

José chega junto dele e o abraça, fraterno.
Em seguida, apalpa os bolsos e exclama:
— Infelizmente, meu amigo, estou sem um níquel...
Os jovens entreolham-se, rindo... Um deles recorda:
— Não lhe disse?...
O espírita condoeu-se, vendo a nudez do homem que tremia de frio. Deitou um olhar em torno para ver se estava sendo observado. Sentiu a rua deserta.

Num gesto espontâneo, tirou o paletó. Dependurou a peça num portão de residência próxima, arrancou a camisa felpuda e, seminu, vestiu-a no companheiro boquiaberto, mas encantado.

A seguir, após recobrir, à pressa, o busto nu com o paletó, disse com simplicidade:
— Meu amigo, é só isso que tenho hoje. Volte aqui mesmo amanhã.

E estugava o passo para a frente, enquanto o necessitado sorria feliz.

*

No outro dia, os dois estudantes estavam no templo espírita, ouvindo a pregação.

4
O ACHADO

I

Viajantes, seguindo, apresentavam bilhetes. Viajantes, chegando, mostravam aspectos bizarros. Costumes de caroá, vestidos de algodão leve, grossas blusas de lã e capas gaúchas.

Senhoras de passo lento surgiam, entremostrando saúde e alegria. Jovens risonhas caminhavam com a desenvoltura de modelos em passarela.

Perdido na multidão do grande aeroporto, Marcelino Nunes divagava, contemplando as hélices dos aviões de grande porte.

Relanceando o olhar em torno, via, encantado, o ambiente distinto.

O dinheiro corria em cédulas de mil.

Ninguém discutia a cobrança do excesso de malas, nem regateava a conta dos *souvenires*, vendidos a preço de escorchar.

Marcelino sonhava...

Queria ser como aqueles forasteiros que iam e vinham pelas alturas.

Desejava viajar, viajar, rotulando bagagem com etiquetas de hotéis dos diferentes países.

"Turista importante, vida ideal" — pensava.

Mas para isso precisava de dinheiro, muito dinheiro.

Viera do interior buscando melhoria financeira na capital; entretanto, só encontrara um emprego de ninharia, na conceituação dele mesmo.

Nada além de balconista numa loja de novidades.

"Marcelino, desça aquela taça da prateleira!"

"Nunes, tenho pressa. Faça o favor."

Cansara-se de ouvir fregueses insípidos.

Enfadara-se.

E atingia os 30 anos sem que lhe fosse possível coisa melhor.

O ordenado mal dava para pensão e condução.

Preocupado, escrevia para a mãezinha viúva, relatando-lhe os problemas. Entretanto, a "velha", na titulação com que lhe recordava o carinho, era espírita militante e respondia serena:

"Meu filho, dever correto é degrau para a verdadeira felicidade."

"A lei de Deus premia a perseverança no bem."

"Não queira facilidades sem trabalho e suor."

"Humildade, meu filho, mais humildade!"

Cada missiva materna era um apelo à energia moral.

Não reclamava; contudo, aborrecia-se.

— Ora essa! — costumava falar de si para consigo. — Pobre mãe! Sempre conselhos! Os espíritas parecem atacados de indigestão filosófica...

Enquanto ruminava os seus problemas, a pequena multidão, no grande aeroporto, exibia brasões.

Carteiras recheadas. Colares ricos. Alfinetes encastoados de pérolas. Pulseiras de ouro. Relógios caríssimos.

— Ah! se eu tivesse dinheiro, mandava esta vida às favas — dizia Nunes baixinho...

II

Descontente, Marcelino mastigava o cigarro, indo e vindo de um lado para outro.
Inquieto.
Solitário na turba.
Sedento de companhia.
Depois de longos minutos de insatisfação, sentou-se enquanto aguardava o ônibus.
No banco, apenas ele e um homem de bengala branca. Cego, de semblante sereno, aguardando pessoa amiga.
Destacando-se ao alcance da mão, viu algo.
Um pacote bem feito em papel pardo.
Cigarros? Quem sabe?
Havia visto, há tempo, um grande pacote de cigarros norte-americanos acondicionados daquela maneira.
Marcelino esperou.
Um moço veio e deu o braço ao companheiro de banco, retirando-se os dois.
A sós, não teve qualquer dúvida.
Não se vendo observado, arrebatou o pacote com naturalidade e saiu.
"Posso fumar alguns dias, sem qualquer preocupação" — refletia.
Afastou-se e, logo após, tomando o ônibus, retornou ao seu quarto humilde.
A sós, abriu cuidadosamente o embrulho e, oh! surpresa!
Ali estavam cédulas de mil cruzeiros, novíssimas.
Deviam ter saído de casa bancária na véspera.
Marcelino contou o primeiro lote, retirando a cinta elástica.
Cem notas! E, constando o todo de vinte maços, estava na posse de dois milhões de cruzeiros.
Trancou-se, cauteloso, arfando de emoção.

A consciência recomendava-lhe buscasse o dono, anunciando o achado.

"Mas... por quê?"

"Ajudaria a mãezinha cansada" — argumentava —, "seria útil a muitos amigos."

Sentia-se atrapalhado.

Via-se agora inseguro.

Não tinha lugar para tanto dinheiro.

Entretanto, o aposento era servido de boa chave e tinha, a mesa, gaveta sólida.

Invadido por pensamentos com que não contava, arquitetou a renovação.

Deixaria o emprego modesto.

Formaria novos hábitos.

Visitaria os familiares no interior, melhorando-lhes a sorte.

Em seguida, teria o seu próprio estabelecimento comercial.

Debalde tentou repousar naquela tarde de domingo.

À noite, buscou um cinema; contudo, não esperou pelo fim do filme.

A fortuna inesperada furtara-lhe a paz de espírito.

No dia seguinte, comunicou ao chefe a retirada e pedia lhe fosse dispensada qualquer obrigação de aviso prévio.

O gerente aconselhou calma; entretanto, respondeu agressivo.

Disse que a loja lhe fora cárcere.

Não tencionava mais pôr os pés ali.

Queria começar vida nova.

Despediu-se da pensão pobre, ofendendo a dona da casa, referindo-se a pulgas indomáveis e pratos malfeitos. Logo após, instalou-se em hotel.

Gastara quatro dias em mudanças e andanças.

Resolvendo buscar o interior no dia seguinte, foi a uma grande loja, para compras.

Dando-se ares de importância, pediu a preparação de várias peças em papel especial para presentes.
As aquisições montaram em onze mil e seiscentos cruzeiros.
Marcelino entregou doze notas, e o moço, gentil, no caixa, pedindo para que aguardasse o troco, afastou-se, solicitando um momentinho...
Alguns minutos passaram lentos, quando um agente policial chegou de improviso e deu-lhe ordem de prisão.
Em meia hora, o quarto de hotel passou por impiedosa revista.
O dinheiro encontrado era, todo ele, em série completa de notas falsas.
Recolhido ao distrito policial, o pobre Nunes chorava em desespero...

5
Proteção
ESPIRITUAL

Marques, o ex-presidente do templo espírita, falava ao companheiro:

— Teremos assembleia geral depois de amanhã e estou colecionando os documentos. Veremos quem pode mais. Desmoralizarei os mandriões.

E Osório, o amigo fiel, ponderava:

— Mais calma. O senhor foi presidente por muitos anos. Sempre respeitado. Sempre querido. Recordemos nossas reuniões. Nosso Dias da Cruz, que o senhor conheceu tão bem, quando neste mundo, prometeu ajudá-lo até o fim...

— Sei que estou protegido — dizia Marques, beliscando, nervoso, a barba branca —, mas vou colocar a coisa em pratos limpos. A diretoria foi tomada de assalto. É muita gente querendo transformar a casa em gamela gorda.

— Marques, a ironia é veneno.

— Tenho fotocópias, retratos, informações e muito papel importante para mostrar o passado desses oportunistas. Todo o material será exibido na assembleia. Alguns desses companheiros transviados são passíveis de xadrez.

— Medite, Marques, medite! — pedia Osório. — O que passou, passou... Agitar o fundo de um poço é fazer lama. Ore. Peça o amparo do Alto.

E, a convite do amigo, os dois se puseram em prece, rogando proteção espiritual.

Em seguida, tornaram à casa de Marques, onde Osório observaria como adoçar o calhamaço.

Ao procurar o libelo escrito, o dono da casa ouviu da arrumadeira, que entrara na véspera, a estranha explicação:

— Senhor Marques, todos os papéis que o senhor deixou espalhados nas cadeiras, com retratos e jornais velhos, eu entreguei ao lixeiro quando o caminhão da Prefeitura por aqui passou.

— Meu Deus! — gritou o velhinho, entrelaçando as mãos na cabeça, ante Osório sorridente. — Era serviço de oito meses!

E a jovem inexperiente replicou, sem saber que fazia a definição moral:

— Mas era muita sujeira!...

6
Renovação

Suspirava pela nomeação para o cargo público que lhe daria quarenta mil cruzeiros por mês. Conquistara o diploma de bacharel. Numa noite, acalentando o desejo de instituir várias obras de beneficência em favor da Humanidade sofredora, Raimundo Perez orava, extático.
Queria subir. Desvencilhar-se do corpo físico.
Entraria em contato com a esfera superior e formularia a súplica que acalentava no íntimo.
Aspirava ao título de benemérito no campo da Doutrina que professava.
Mas precisava de dinheiro. Muito dinheiro.
Quem sabe somente os Espíritos superiores poderiam dissolver as dificuldades que se lhe antepunham ao grande intento, e pensava:
"Nomeado com os vencimentos de quarenta mil cruzeiros mensais, poderia encontrar o necessário começo... Em seguida, ganharia influência, atrairia poderosos, escalaria a montanha do ouro e granjearia importância política para cumprir a missão..."
Embalado em deliciosas miragens, Perez dormiu e viu-se efetivamente desligado da máquina corpórea.

Reconheceu-se subindo, subindo, até que se viu em amplo salão, à frente de nobre instrutor que o recebeu entre bondoso e severo.

A breves momentos inteirou-se de toda a situação.

Alcançara grande instituto do plano superior, que supervisionava várias tarefas espíritas na esfera dos homens.

Contudo, não era ali o único visitante.

Em torno, enorme multidão. Muitas vozes, muita gente.

Alguém, mais categorizado que ele mesmo para pedir, ergueu-se diante do benfeitor e, com sublime sinceridade, rogou informes sobre a razão de tantos fracassos entre os companheiros do Espiritismo na Terra.

Era um missionário da verdadeira fraternidade, buscando piedosamente recursos de amparo moral para os próprios irmãos na fé.

Ninguém ousou adiantar-se-lhe aos rogos.

A petição era comovente demais para que outros requerimentos lhe tomassem a dianteira.

Foi então que o generoso mentor tomou a palavra e falou com franqueza:

— Com base em inúmeros dados estatísticos colhidos junto aos nossos companheiros na Terra, podemos esclarecer que grande número dos profitentes do Espiritismo, na carne, tem fracassado devido às seguintes atitudes:

"Querem dinheiro e dominação...

Querem autoridade e influência...

Querem saúde física perfeita...

Querem a compreensão alheia integral...

Querem as mais altas concessões da mediunidade, sem esforço para obtê-las...

Tudo isso porque se esquecem de que, na Terra, devemos estar cientes do ensino de Jesus, que afirmou categórico, quando esteve na carne: 'Meu Reino não é deste mundo.'"

O benfeitor teceu ainda algumas considerações sobre o tema e, ao acabar de falar, Raimundo sentiu-se desamparado em si mesmo.

Guardava a sensação de quem via o solo a fugir-lhe dos próprios pés.

E sentiu-se cair do alto, de muito alto... E acordou.

Identificara-se, mas visceralmente transformado.

Conservava a impressão de prosseguir envergonhado de si mesmo.

Acompanhou a mãezinha ao mercado, ajudando-a prestativo. Não mais falava na sua nomeação com o entusiasmo anterior, e a palavra dinheiro passou a ter, para ele, importância bem secundária.

À vista de tudo isto, D. Conceição, a genitora, chamou os dois filhos mais velhos a longa conversação e assentaram juntos que um psiquiatra devia ser consultado.

Anotando a súbita renovação de Raimundo, todos os familiares julgaram que o pobre rapaz ficara perturbado da razão...

7
O TESOURO OCULTO

José Cardoso frequentava as sessões espíritas da casa de Albuquerque, desde alguns meses.

Persistente, por várias vezes submetera delicadas questões a Benício, o mentor espiritual.

Benício, paciente, atendia sempre, procurando encorajá-lo nas tarefas do bem.

Agora, no entanto, em sucessivas reuniões, Cardoso insistia, mais teimoso, com o amigo desencarnado, indagando por tesouros ocultos.

Debalde, os companheiros de sessão e o mentor espiritual tentaram dissuadi-lo do intento, mostrando a impropriedade da ideia que se lhe fizera obcecante.

O coitado queria descobrir ouro, desenterrar ouro. E repetia:

— Em nossa região já foram descobertos diversas arcas antigas e caldeirões recheados, em épocas diferentes. Aqui foi sede de mineração. Há muito ouro escondido... Existem Espíritos vigiando fortunas enormes. Poderíamos fazer muitas obras de caridade.

Certa noite, feriu novamente o assunto, e Benício falou:

— Meu irmão, fique tranquilo. Sua petição é bem inspirada. Sua intenção é construtiva. Indicaremos caminho para um tesouro no chão.

Uma onda de espanto percorreu a pequenina assembleia.

Companheiros entreolharam-se, assustadiços, receando estivesse ocorrendo qualquer mistificação.

Cardoso esfregou as mãos contente. Renteou com o médium em transe. E o mentor explicou:

— Cardoso, busque o seu quintal. Além do pátio empedrado, depois da cozinha, você vê todos os dias grande mancha de terra escura que a tiririca está envolvendo. Cave lá, meu amigo.

E, ante os amigos surpreendidos, Cardoso anotou imediatamente os dados.

No outro dia, pela manhã, começou a cavar. Cavou até ficar exausto. Desapontado, não encontrou nenhum sinal de tesouro oculto.

Na reunião seguinte, interpela o benfeitor sobre o sucedido.

Bondoso, Benício esclarece:

— Você cavou muito bem. O caminho da riqueza está pronto.

E Cardoso interroga aflito:

— Mas como?!...

E o benfeitor espiritual:

— Plante na cova rasgada um pé taludo de laranjeira, regue-a e trate-a com amor e, em breve, você terá o tesouro que procura, porque uma laranjeira, Cardoso, é princípio de um laranjal...

8
Em livros espíritas

— Quero dois mil cruzeiros em livros espíritas!

Era jovem senhora no balcão a fazer o pedido.

Mas o gerente da casa solicitou:

— Faça, por obséquio, a relação.

— Não há necessidade — afirmou a dama —, escolha os melhores e mande ao Dr. Anísio Fortes.

E forneceu o endereço exato.

O chefe do serviço, porém, coçou a cabeça encabulado.

Aquela moça sorridente a fazer uma compra significativa, assim desacompanhada... A indicação do nome de um médico que ele sabia materialista, embora respeitável...

Não desejava criar *um caso* entre a instituição que a livraria representava e o clínico referido.

— A senhora está credenciada por ele para fazer a compra?

A cliente sorriu, compreendendo a dificuldade, e, rogando ao diretor de vendas um minuto de atenção, explicou:

— Bem, o senhor não me conhece e devo esclarecer a questão, em meu próprio benefício.

Esboçou na face a expressão silenciosa de quem ouve a própria consciência e continuou:

— Narrando os próprios erros, atendemos à profilaxia necessária contra as nossas imperfeições. Imagine o senhor que, há precisamente quatro anos, cometi falta grave. Recém-casada, vi meu esposo adoecer sem recursos. Não tendo o apoio de qualquer parente que me pudesse prestar auxílio, aceitei a única oportunidade que me apresentavam, a de zelar pelo asseio no gabinete do Dr. Fortes. Encerar, porém, duas salas e limpar instrumentos e vidros, móveis e vasos asseguravam-me ninharia... O ordenado dava muito mal para alguns sanduíches. Minha luta crescia. Penhorei o que pude. Mesmo assim, os débitos aumentavam. Apareceu, entretanto, a grande oportunidade. Amigos de meu esposo lembraram-me o nome numa prova de habilitação para atendente. Poderia ingressar, assim, no Serviço Público. Contudo, a preparação de papéis requeria dinheiro. A aquisição de traje novo requeria dinheiro. Vivia na expectativa inquietante, quando, de caminho para o trabalho, encontrei precioso vaso quebrado, sob elegante janela. Fina porcelana estilhaçada. E veio-me ideia estranha. Por que não aproveitar? Juntei fragmento a fragmento, recompus a peça quanto me foi possível, adquiri papel fino, adequado a presentes, e fiz pequenino volume de bela aparência. Apressei o passo e cheguei mais cedo. Fiz todo o serviço que me competia e, postando-me atrás da porta com o pacote numa das mãos, esperei que o Dr. Fortes viesse. Eu sabia que ele chegava de repente, varando a porta à feição de vento tempestuoso. Aconteceu o que previa. O Dr. Fortes empurrou a porta de vaivém com força, e zás!... O embrulho rolou no piso e os cacos com grande ruído deram a impressão perfeita de que a preciosidade se perdera naquela hora. Meu jogo fora certo. O bondoso amigo, cavalheiro corretíssimo, fitou-me consternado...

Como a voz da interlocutora se fizera hesitante, o gerente indagou interessado:

— E o resto?

— Ante as perguntas do médico, que se supunha responsável pelo desastre, menti que se tratava de uma lembrança que meu marido e eu havíamos adquirido a custo para ofertar a minha irmã, prestes a casar-se... O Dr. Fortes consultou os remanescentes da peça e, homem muito experimentado, avaliou-a pelo justo valor. "Não quero que a senhora tenha qualquer prejuízo" — disse pesaroso. E, de imediato, sacou do bolso dois mil cruzeiros, entregando-mos, a título de indenização, pedindo desculpas. Embora desconcertada, recebi o dinheiro e utilizei-o nas providências que desejava. Concorri ao cargo e consegui nomeação para trabalhar num instituto assistencial. Abandonei minhas antigas atividades. Conquistei salário digno. Depois de algum tempo, buscando auxílio moral na Doutrina Espírita em benefício de meu esposo, tornei-me espírita, igualmente, e compreendi meu erro grave, percebendo que me fiz ladra por meio do que podemos chamar uma "falta perfeita". Procurei, então, o Dr. Fortes e confessei-lhe o meu gesto infeliz. Ele ouviu-me, com simpatia e respeito, mas não concordou com a devolução do dinheiro. Abraçou-me, benevolente, e apenas pediu que eu lhe desse um livro do nosso movimento, à guisa de amostra, desejando conhecer os princípios que me revolviam, assim, o fundo da consciência...

O gerente da livraria, ao vê-la terminar a história, estendeu-lhe a mão, cumprimentou-a e falou comovido:

— Minha irmã, seu exemplo me obriga a pensar...

A dama pagou a importância fixada, e, quando voltou à livraria, três dias depois, para recolher o certificado de que o médico havia recebido a encomenda, encontrou o gerente, atarefado, preparando um fardo de livros.

— Está vendo? — disse ele à recém-chegada. — Hoje faço igualmente o meu pacote com mil e duzentos cruzeiros em livros da nossa Causa, para oferecer a um amigo...

— Como assim? — perguntou a visitante evidentemente intrigada.

O gerente, contudo, apenas sorriu e falou entre satisfeito e hesitante:

— Eu também tenho *um caso*...

9
O TELEFONEMA

Achava-se Agostinho Pereira de Souza, denodado batalhador da Doutrina Espírita, no Hospital Pedro de Alcântara, no Rio de Janeiro, atendendo a confrade que, por mais de duas horas, lhe tomava tempo.
Paciente, Agostinho escutava.
O amigo falava sem pausa, com a mímica de sonâmbulo. Relatórios verbais imensos. Projetos. Notícias. Petitórios.
Acordando, por fim, para a realidade, e reconhecendo que repetia observações, como disco estragado, disse para o ouvinte bondoso:
— Mas, afinal, Agostinho, como pode você dar conta de tanto trabalho? Estamos ouvindo enfermos gemendo... Decerto você tem muitos deveres e uma longa palestra come as horas... É muita gente a bater com a língua nos dentes! Como resolve o problema de tudo atender no minuto exato?
— Sim, não foi fácil — replicou Agostinho, com evidente preocupação ante o serviço a fazer. — A princípio, lutei... Tomar tempo dos outros é falta de caridade, mas dizer que uma pessoa é maçante é falta de caridade também. Mas, como tantos homens extremamente ocupados, tive igualmente de dar um jeito. O nosso hospital espírita é uma casa do povo. E a repartição que administra os interesses do povo é a Prefeitura. Sem ferir, assim,

a verdade, combinei com um de meus companheiros uma providência que vem dando certo. Quando alguém me absorve o tempo, falando demais, ele vai a um telefone próximo e diz que o serviço da Prefeitura está chamando...

— Ótimo! — exclamou o visitante, mostrando largo sorriso, sem se aperceber de que ele era um dos tais palradores inconscientes.

E já se dispunha a prolongar a conversa, quando o telefone tilintou.

Um servidor da instituição atendeu e, logo em seguida, voltou-se e avisou:

— Senhor Agostinho, o serviço da Prefeitura está chamando...

10
O caso Pitanga

I

— Pitanga, suas contas serão encerradas hoje — dizia o Dr. Abranches ao empregado surpreso. — Embora estimemos em você um cooperador correto, não podemos conservá-lo.

— Doutor, por quê? — perguntou o pobre homem ao engenheiro que o interpelava.

— Você já tem nove anos e pico. A fábrica não deseja ter elementos estabilizados em demasia. Você sabe. A lei...

— Doutor, mas isso já me acontece pela segunda vez na vida. Sou viúvo e, apesar disso, crio seis netos órfãos de pai e mãe. Desisto de qualquer direito. Preciso trabalhar. Vivo num barracão alugado, não tenho roupa, não tenho facilidades, mas o que ganho dá para os meninos. Isso é a minha vida...

O chefe notou que o servidor deitava lágrimas, qual se fora mamoeiro dilacerado, e condoeu-se.

— Ânimo, Pitanga! — falou, batendo-lhe no ombro.

Mas João Pitanga, o encarregado da limpeza, largou a vassoura e passou a soluçar.

O diretor, preocupado, deu-lhe o braço e arrastou-o, quase, até o gabinete, e fê-lo sentar-se.

— Ora, ora! que é isso? Você, chorando? Você é um homem...

— Ah! doutor, tenho quase 60 anos! Ninguém me empregará mais... E depois...

— Depois, o quê?

Pitanga arrancou do bolso um pedaço de pano pardo, que devia ter sido um lenço em outra época, enxugou a pasta de suor e lágrimas, e falou:

— Doutor, há vinte e oito anos, eu era empregado numa casa bancária e conduzia cem contos de réis num trem suburbano. No atropelo do desembarque, por falta de atenção, tomei uma pasta semelhante como sendo a minha. Agarrei-a, mas, ao abri-la, verifiquei o engano. Só havia lá dentro um livro de contabilidade e vários cadernos de estudo. A firma que esperava o dinheiro telefonou para o banco. Detido no Distrito Policial, ninguém acreditou na minha palavra. Não fosse um amigo que se responsabilizou por mim e teria amargado muito tempo na cadeia. Quis suicidar-me, mas fiz-me espírita e compreendi que o sofrimento é o remédio da purificação espiritual. Para pagar a dívida, minha esposa e eu montamos uma lavanderia. Trabalhamos dez anos, quase passando fome. E quando resgatamos a última prestação, minha mulher morreu tuberculosa. Tínhamos um filho, bom companheiro, que foi esmagado sob as rodas de um caminhão, ao entregar a roupa lavada. Quando a viuvez chegou, restava-me a filha... Coloquei-me numa fábrica de massas alimentícias. Ganhava pouco, mas tinha a compensação de ver Dorinha feliz. Antes de completar dez anos de casa, como agora, fui despedido. Empreguei-me aqui, como varredor. Minha filha casara-se, mas o marido, que era operário numa fábrica de móveis, perdeu uma das pernas num desastre de trem. Desde essa época, ficou nervoso, perturbado... Deu muito trabalho e veio, por fim, a descansar na morte, há quatro anos. Dorinha, porém, não resistiu e acompanhou o marido, depois de longa

tuberculose. Deixaram-me seis filhos... Seis crianças que esperam por meus braços de velho... Que farei?
O Dr. Abranches consolou-o.
Faria tudo por ajudá-lo.
Que João viesse toda semana a ver se lhe obtinha uma beirada na fábrica.
Naquela hora, contudo, não podia torcer decisões da Diretoria.
E de semana a semana, Pitanga, remendado, carregando o chapéu, chegava, indagando:
— Dr. Abranches, será que já posso vir outra vez?
— Ainda não, Pitanga. Mas logo que a crise dos tecidos desapareça, tratarei de seu caso.
E João voltava mais triste.
Para que a comida não ficasse mais curta, começou a apanhar papéis na rua e a pedir jornais velhos.
Diversas famílias espíritas passaram a cooperar.

II

Ameaçado de despejo e cercado de cobranças, João apanhava sol para aquecer as costelas cansadas de bronquite, acocorado à porta de casa, quando uma bicicleta chegou.
Um rapaz dos correios entregou-lhe um telegrama.
Assunto urgente.
Um amigo, que ele não conhecia, chamava-o em termos carinhosos.
Morava em bairro distante, estava doente e queria vê-lo.
Pitanga esperou quatro dias até arranjar dinheiro para o bonde.
E fez a viagem sem maiores preocupações.
Era médium passista. Costumava receber solicitações daquela natureza para confortar doentes aqui e ali...

Espantou-se, porém, ao chegar no endereço indicado, porque, ao dizer quem era, foi introduzido de imediato.

Guiado por velha governanta, atravessou duas salas e grande corredor ricamente mobiliados, e entrou num aposento em que um homem enfermo parecia enterrado em colchas brancas.

No doente, em que os ossos se mostravam à pele, só os olhos mostravam intensa vida.

Entretanto, com esforço, o doente estendeu-lhe a mão, como garra mole, e, depois de fazê-lo sentar-se, falou comovido:

— João Pitanga, conheço você há quase trinta anos, sem que você me conheça. E decerto sairia do mundo sem apertar-lhe a mão; mas, sitiado há quatro meses pelo câncer, conheci a Doutrina Espírita e minha consciência despertou... Pedia a Deus não me deixasse partir sem vê-lo, para pedir-lhe perdão...

Diante de Pitanga boquiaberto, o homem fez longo intervalo e continuou:

— Há vinte e oito anos, viajava ao seu lado, vindo da academia em que me fiz contador. Ao desembarcar, tomei sua pasta, como sendo a minha, e só em casa dei pelo engano. Tinha nas mãos os cem contos de réis pelos quais você sofreu tanto... Soube daí a dois dias que você estava na polícia, acusado injustamente, mas calei-me. Era ambicioso. Tinha planos. Montei uma loja com o dinheiro e a loja prosperou. Depois de dez anos, era um homem rico e podia gastar... Esqueci o seu nome, o seu problema e atirei-me ao lucro fácil. Fiquei milionário. Contudo, ai de mim! A fortuna envolveu minha casa em trevas. Com dois filhos, minha esposa esqueceu as obrigações e entregou-se a um aventureiro e humilhou-me quanto pôde. Por amor aos meus filhos, não me desquitei. Minha mulher, porém, suicidou-se, ao ver-se abandonada pelo homem que tanto mal me fez. Meu rapaz, envenenado talvez pelo dinheiro farto, começou a fazer loucuras e morreu num desastre de automóvel, por ele conduzido em estado de embriaguez. Minha filha casou-se, mas meu genro, porque não se sentia com necessidade de trabalhar, viciou-se com a maconha e acabou perturbado, num sanatório. Viúva, minha filha não aguentou a solidão e, ainda impressionada com o exemplo materno, suicidou-se também, deixando-me dois netos... Os meninos, porém, são retardados mentais, e fui compelido a deixá-los indefinidamente num colégio adequado...

Pitanga, machucado no coração, chorava copiosamente.

— Como vê — prosseguiu o enfermo —, você sofreu muito, mas tenho pago um preço terrível pelas aflições que lhe dei... Antes de conhecer o seu paradeiro, tomei contato com as verdades do Espiritismo e procurei distribuir o possível entre as instituições de beneficência...

E designando uma caixa-forte:

— Peço a você, porém, que abra o cofre e retire os novecentos mil cruzeiros que estão lá dentro. São seus... Não lhe entrego o resto do que tenho, porque os dois netos precisam de pensão... Aceite, Pitanga! Aceite e perdoe-me! E creia que não vou sem culpa na grande viagem... O seu perdão, contudo, será para mim nova força no mundo espiritual...

Havia tanta confiança e doçura no pedido que João abriu o cofre e recolheu o dinheiro.

Em seguida, conversaram, trocando confidências, como velhos amigos.

Oraram.

Pitanga aplicou-lhe passes.

O doente ainda viveu seis dias no corpo físico e João visitou-o diariamente, assistindo-o, até a hora última.

No dia seguinte ao dos funerais, Pitanga voltou à fábrica, procurou o Dr. Abranches e contou-lhe o sucedido, pedindo conselho.

— Agora, João, você está bem — disse o chefe, sorrindo.

— Não, doutor. Estou preocupado. Não quero que os meus netos saibam que tenho esse dinheiro. Ajude-me a empregá-lo.

— Você poderá pagar suas dívidas e guardar mais de oitocentos contos em ações na fábrica. Haverá bom rendimento.

— Mas...

— Mas o quê?

— Queria que o senhor pedisse à Diretoria para dar-me trabalho, ainda que eu tenha de ser novamente despedido, daqui a nove anos...

O Dr. Abranches sorriu e prometeu colaborar.

Daí a quatro dias, quando Pitanga voltou, encontrou a ordem. Fora readmitido.

E sem esperar pelo dia seguinte, pediu a vassoura e recomeçou a varrer...

11
Provação

Heitor Pessoa e a esposa, D. Delminda, desde os primeiros dias na cidade eram assíduos frequentadores do templo espírita. Corretíssimos. Generosos. Entretanto, fora disso, pareciam fechados. Excelentes companheiros na instituição; contudo, na vida particular, eram francamente inacessíveis.

— Muito bons, mas muito orgulhosos.

— Sabem ensinar a fraternidade, mas escorregam mais do que peixes.

Observações como essas eram frequentes.

E como semelhante situação estivesse incomodando, o presidente imaginou um meio de sanar as impressões.

Em cada semana, o culto do Evangelho seria atendido em determinado lar.

Assim, cada residência dos irmãos da agremiação seria aberta ao exercício da fraternidade.

Chegada a ocasião em que lhes caberia o testemunho afetivo, Heitor e senhora tentaram gentilmente esquivar-se, mas a diretoria insistiu e tiveram que abrir as portas.

Na noite indicada, o casal e o único filho, Marcelo, rapaz de nobres feições, atlético e bem-posto, fizeram as honras.

A reunião correu encantadora e o texto do Evangelho, "não julgueis para não serdes julgados", mereceu apontamentos lindos. O cafezinho foi servido carinhosamente, mas, às despedidas, veladas reclamações ouviam-se aqui e ali. Mafra, o presidente, havia perdido a carteira; Antônio Silva sentia falta do relógio; dona Carlinda ficara sem o broche de ouro, e dona Aurora não pudera localizar a pulseira.

No dia seguinte, porém, Heitor, muito desapontado, visitou os companheiros, um a um, restituindo-lhes os objetos perdidos e explicando que não costumava receber visitas porque tinha o filho ainda desajuizado, em vagaroso tratamento.

Boquiabertos, os amigos compreenderam que o distinto e esquivo casal trazia a provação de um filho, muito sadio de corpo, mas positivamente obsidiado.

12
CÓLERA

Antônio Sobreira, a caminho da garagem onde mantinha pequena frota de caminhões, foi ver a mãezinha doente, que lhe pediu, logo após rápidos instantes de conversa:

— Meu filho, tenha cuidado com a irritação. Em nossa reunião espírita de ontem à noite, nosso velho amigo Silvério Barcas, que desencarnou num ato de imprudência, conclamou a todos trabalhassem contra a cólera. E você tem estado muito nervoso...

— Não se aflija, mãe — respondeu, sorrindo.

Entretanto, mal dera alguns passos na rua, foi procurado por um motorista, que lhe disse:

— Seu Antônio, venha depressa. O Avelino, seu irmão, atropelou o seu filho.

Indignado, Sobreira entrou no veículo, como fera, e daí a minutos estava, de novo, em frente de casa.

Aglomerava-se o povo em torno de larga mancha de sangue.

Avelino, seu irmão, dirigiu-se para ele e rogou, transtornado:

— Antônio, perdoe-me! Vinha passando em marcha regular, quando o Antoninho atravessou... Foi questão de um segundo...

— Onde está meu filho? — gritou Sobreira.

Uma senhora logo informou que o menino acidentado fora conduzido no colo materno para o hospital, junto de dois médicos que haviam passado, momentos antes.

— Você pagará tudo — falou Sobreira, aos berros, para o irmão. — Arranjei o caminhão para você, a fim de matar a fome de sua família, e você mata o meu filho?! Mas você hoje me pagará tudo...

E sem ouvir mais nada, avançou para o pobre motorista, aos murros, deixando-o no chão com várias escoriações e equimoses.

Em seguida, cego de fúria, toma o automóvel, mas, atingindo o hospital, encontra na portaria a esposa sorridente, com o filhinho feliz.

— Graças a Deus — diz ela ao esposo —, nada aconteceu. Antoninho não teve um arranhão.

— E o sangue no asfalto? — pergunta Sobreira, varado de assombro e remorso.

Somente então veio a saber que o sangue pertencia ao cachorro de estimação — Totó — que acompanhava o menino, e que os médicos que haviam atendido, de passagem, eram ambos veterinários.

Naquele instante, Sobreira, recordando as palavras de sua mãe, não pôde sofrear as lágrimas de arrependimento...

13
O médico e o fiscal

— Se possível, acelere um pouco a marcha.

Era o abnegado médico espírita, Dr. Militão Pacheco, que rogava ao amigo que o conduzia por gentileza.

E acrescentava:

— O caso é crupe.

O companheiro ao volante aumentou a velocidade, mas, daí a momentos, um fiscal apitou.

O carro atendeu com dificuldade e, talvez por isso, a motocicleta do guarda sofreu pequeno choque sem consequências.

O policial, porém, não estava num dia feliz, e o Dr. Pacheco com o amigo receberam uma saraivada de palavrões.

Notando que não reagiam, o funcionário fez-se mais duro e declarou que não se conformava simplesmente com a multa.

Os infratores estavam detidos.

O Dr. Pacheco deu-lhe razão e informou que realmente seguiam com pressa para socorrer um menino sem recursos, rogando, humilde, para que a entrevista com a autoridade superior fosse adiada.

— Se o senhor é médico — disse o interlocutor com ironia —, deve proceder disciplinadamente, sem sair do regulamento. Para ser franco, se eu pudesse, meteria os dois, agora, no xadrez.

Embora o amigo estivesse rubro de indignação, o Dr. Pacheco, benevolente, fez uma proposta.

O guarda deixaria, por alguns instantes, o veículo, e seguiria com eles no carro, mantendo vigilância.

Depois do socorro ao doentinho, segui-lo-iam para onde quisesse.

Havia tanta humildade na súplica que o fiscal concordou, conquanto repetisse asperamente os insultos.

— Aceito — exclamou —, e verificarei por mim mesmo. Ando saturado de vigaristas. E creiam que, se estão agindo com mentira, hoje dormirão no Distrito.

A motocicleta foi confiada a um colega de serviço e o homem entrou, seguindo em silêncio.

Rua aqui, esquina acolá, dentro em pouco o carro atingiu modesta residência na Lapa, em São Paulo.

Os três entram por grande portão e caminham até encontrar esburacado casebre nos fundos.

Mas, ao ver o menino torturado de aflição nos braços de infeliz mulher, o bravo fiscal, com grande assombro dos circunstantes, ficou pálido e com os olhos rasos d'água.

O petiz agonizante e a jovem senhora sem recursos eram o seu próprio filhinho e a sua própria esposa que ele havia abandonado dois anos antes...

14
ONDE ESTARÁ?

A senhora, elegantemente trajada, comparece na portaria do lar espírita para buscar a criança que pretendia adotar.
— Quero perfilhar! — dizia a dama. — Tomarei todas as providências, mas quero escolher.
E a diretora começou as apresentações.
— Esta não — falava a senhora, fitando doce menina de olhos escuros —, é morena demais.
E analisando uma por uma, continuava as apreciações:
— Esta não, tem jeito de serelepe...
— Este não, tem olhos de gato assustado...
— Este não, está remelento...
— Este também não, é um garoto de olhar muito frio...
— Esta não, é muito anêmica...
Findo o exame de 32 pequeninos, a senhora perguntou:
— E os outros? Onde estará a criança que eu busco?
Mas a diretora respondeu com serenidade:
— Minha irmã, a senhora me perdoe, mas o nosso estoque acabou, e creio que agirá com acerto se procurar a sua encomenda no Céu, pois, nas condições que deseja, penso que somente encontrará a sua criança entre os anjos...

15
O SOFRIMENTO ALHEIO

O bonde deslizava em marcha regular, mas Belarmino Cintra, sentado no quinto banco, extravasava desespero.

Parecia não ver os carros que buzinavam, nem o casario em torno, nem os circunstantes, nem a chuva garoenta.

Ele só e a excitação.

Ele só e a mágoa.

Aguardava a promoção por onze anos de trabalho correto na repartição e era funcionário há mais de vinte. Esforçara-se, renunciando a facilidades diversas, pensando na melhoria. No momento exato, porém, a melhoria alcançara outro que, a seu ver, não correspondera.

Indignado, escrevera uma carta ao chefe, ameaçando-o com um inquérito escandaloso, e o chefe chamara-o ao gabinete para entendimento pessoal.

Sentia-se desanimado, infeliz.

Era pai de família. Esposa e quatro filhos. Não tinha débitos a solver, mas nenhum vintém no pé-de-meia.

No fim do mês, era sempre a mesma situação. Contas pagas e bolso vazio.

Achava-se, por isso, inconformado, revoltado...

Não suportaria qualquer advertência.

Armara-se. Se o chefe lhe desconsiderasse a atitude, reagiria...

O veículo para por dois longos minutos, esperando por outro no entroncamento. E Belarmino, relanceando os olhos, é quase obrigado a ler uma frase no volume que a senhora míope ergue muito alto, no banco, em frente.

É um livro espírita, em cujo texto ele anota um aviso, letra por letra:

"Tenha paciência. Fitando o sofrimento alheio, aprendemos a encontrar a felicidade que é nossa."

Belarmino sente-se como sob ducha fria.

Nisso, no instante exato em que o bonde larga de novo, um homem pesado toma o veículo, a esbofar-se, enxugando o suor, apesar do tempo frio.

Senta-se rente ao escriturário preterido, e, porque um senhor vizinho lhe mostre semblante mais ameno, fala-lhe à queima-roupa:

— Vida penosa! Não aguento mais!...

— É, meu amigo — disse o companheiro anônimo —, cada qual neste mundo tem sua cota de aflição...

Porque o bonde passasse em frente de um consultório médico no qual se via grande número de consulentes esperando vez, o recém-chegado observou:

— Vida boa é de médico! Parece que os clientes lhe trazem a sopa à boca.

O outro, no entanto, discordou:

— O senhor está enganado. Eu sou médico. Estamos presos ao sofrimento humano. Cada enfermo é um problema. E os cabelos embranquecem ou caem cedo como se tivéssemos um vulcão na cabeça. De minha parte, estou fatigado. Ainda ontem vi minha mãe morrer nos meus braços, devorada pelo câncer, sem que eu lhe pudesse dar outra coisa senão anestésicos.

E num desabafo:

— Vida boa deve ser a de quem possa andar ou viajar livremente, assim como o caixeiro-viajante...

O outro, porém, revidou:

— Caixeiro-viajante? Não diga isso. Sou viajante comercial há quinze anos... Encontro humilhações por toda parte, separado da família na maior parte do tempo... E, para cúmulo do azar, fui responsabilizado inocentemente por um desfalque de quatrocentos mil cruzeiros... Devedores astuciosos conseguiram envolver-me nisso, sem que eu tenha culpa...

Belarmino queria continuar ouvindo, mas uma senhora triste entrou na parada próxima, carregando um pequenino doente. Faixa sanguinolenta envolvia-lhe os olhos.

— Que foi? — dessa vez foi o próprio Cintra quem perguntou, lembrando os filhos.

E a senhora:

— Meu filhinho perdeu os olhos com a explosão de uma bomba.

Belarmino procura consolá-la.

Daí a instantes, o funcionário, transformado, desce e entra no gabinete da chefia.

O diretor recebe-o, evidentemente irritado.

Mas Belarmino fala humilde:

— Doutor, antes de tudo, quero pedir-lhe desculpas por minha carta violenta e ofensiva... Eu não tinha razão!

O chefe sorriu, como quem se livrara de um desastre iminente, e falou alegre:

— Oh! Graças a Deus, você entendeu por fim... As injunções políticas são pedras no caminho... Somos companheiros, Belarmino. Não perca a esperança. A promoção virá breve...

Mas Belarmino sorri também e roga:

— Doutor, peço-lhe! Não se preocupe comigo! Eu estava perturbado.

E despediu-se tranquilo, para voltar ao trabalho.

No dia seguinte, porém, o chefe procurou-o, com excelentes informes, e Belarmino contou-lhe a história viva da frase que lera de escantilhão.

16
Promessas...

A comunidade espírita estava em grande agitação na campanha financeira para a construção de um lactário.
E, ao dissertar sobre a caridade, Isauro Borges falou veemente:
— Meus amigos, em matéria de assistência, mais vale um pão cedido de boa vontade que as promessas de milhões...
Ao sair do templo espírita, foi procurado por Licínio Gonzaga, companheiro da atividade espírita, que observou, calmo:
— Borges, gostei de sua palestra, mas não concordo com a sua maneira de encarar a questão. Dar migalhas é dar esmolas...
— E que nos sugere então? — respondeu o interpelado. — Não podemos esquecer que a obra do bem é serviço de todos.
Gonzaga piscou um olho e disse:
— Não estou dormindo no ponto.
E contou que encontrara, hospitalizado, grande fazendeiro que adoecera de repente, no Rio de Janeiro, e pelo qual passara a se responsabilizar financeiramente, até que a família lhe viesse ao encontro, e esse novo amigo, ao que lhe parecia, era o homem providencial.
Convidado a vê-lo, Borges compareceu no dia seguinte à casa de saúde, e o coronel Custódio Augusto de Souza, tal era o seu nome, conversou, animado, dizendo possuir grande sítio ao pé da Serra do Caparaó, no Espírito Santo, e larga faixa de terra

na Baixada Fluminense, e que pretendia cooperar na campanha do lactário, com seiscentos mil cruzeiros.

Licínio mostrava olhos fulgurantes, e várias vezes os dois amigos visitaram o enfermo, fazendo planos.

Daí a uma semana, voltaram ao hospital com os demais elementos da diretoria para tratarem da doação.

Contudo, desapontados, souberam que o doente, que usava nome suposto, estava com vários processos em andamento na polícia, e, desde a véspera, fora transferido para a cadeia...

17
Clara

I

Zeferino olhava, olhava... Tudo em derredor fazia pensar. Pensar no passado, voltar aos anos esquecidos...

Quarto penumbrento. Piso de tijolos, manchado e sujo. Cheiro de perfume e mofo. Pia descascada a um canto. Roupas humildes dependuradas em mancebo de pés quebrados. Pequena mesa com gaveta entreaberta, mostrando grande cópia de objetos miúdos. Em mesa próxima, sobre o forro pisado, podia ver no lusco-fusco várias caixinhas de cosméticos, vidros de água-de-colônia, pó de arroz, escovas...

Retratos pendendo de parede defronte.

E, sob a lâmpada de poucas velas, os olhos de Zeferino pervagavam no espaço estreito, recordando, recordando...

II

Como se lembrava!...

O convite partira do dono da casa, seu velho amigo Nicão: "Vamos! Você nunca observou um fenômeno mediúnico... Vamos!"

Tentara esquivar-se, mas a insistência afetuosa vencera: "Vamos, você fará uma ideia. Minha esposa é médium... Será interessante!"

E lá se fora pela primeira vez. E pela primeira vez ouviu a palavra de Felício, o amigo espiritual infatigável, por intermédio da jovem esposa de Nicão. Dona Clara, a médium, em seus 20 anos incompletos, era moça inteligente e afável. Incorporando a personalidade de Felício, fornecera-lhe tamanhas demonstrações da sobrevivência além da morte que ele não pudera resistir à verdade. E o grupo, mais unido, passou a reunir-se duas vezes por semana. União e alegria. Trabalho e fraternidade.

Fora, ali, na singela residência de Nicão, que nascera realmente o templo espírita em que ele viu a razão da própria existência.

Recordava a inauguração da sede.

A felicidade transbordava como sol.

D. Clara pedira a construção de dois aposentos anexos à parte dos fundos.

— Seria a semente de um albergue maior — dissera, sorrindo.

E ali, a casa recebera os primeiros enfermos da rua. Dois quartos, em que ele e os companheiros exercitavam a caridade, ao pé dos sofredores anônimos, aplicando socorros magnéticos e lavando feridas.

Depois, quando o templo ainda não completava dois anos, Nicão desencarnou de repente.

A princípio, D. Clara sustentou-se, mas, após alguns meses de solidão, ela, que não tivera filhos, desertou da obra espiritual.

Se procuravam por ela para a reunião, estava esgotada, temia o mau tempo, ia receber um parente ou tinha dor de cabeça.

A moradia, dantes calma, dava festas inconvenientes, enchendo-se de rapazes e moças alegres.

Ele, Zeferino, e os irmãos de ideal compreenderam tudo, por fim...

III

Há quanto tempo acontecera isso?...
Respondia-lhe a memória: "vinte anos! vinte anos!..."
Quantos acontecimentos após a fundação!
Sentado no tamborete capenga, rememorava os seus vinte e tantos anos de conhecimento espírita!...
Primeiros livros. Primeiras responsabilidades. Primeiros contatos da própria família com a Doutrina Espírita. Primeiros sintomas da própria mediunidade... O primeiro passe que administrou, em prece e lágrimas... O templo progredindo... Novos cooperadores. Novas experiências. A compreensão melhor do povo, a família de Jesus. Lutas. Dificuldades. Amadurecimento da fé. Certeza no "Mundo de Lá". Gratidão aos princípios renovadores...
Mergulhando em reflexão, notou que alguém chegava... Era uma senhora de olhar desconfiado e humilde, mostrando lábios e cabelos pintados, a esconder um cigarro na mão fincada às costas.
— O senhor acha que Clarita melhora? — perguntou.
— Quem sabe? — respondeu Zeferino. — Confiemos em Deus.
Mas a conversa não prosseguiu porque alguns companheiros entraram carregando velha maca.
Zeferino levantou-se.
Penetrou o quarto em que D. Clara agonizava... No corpo que a tuberculose aniquilara, só os olhos faziam lembrar a antiga D. Clara...
Ossos pontudos punham o esqueleto à mostra.
A doente trazia a garganta sufocada pela dispneia, mas a imensa lucidez do olhar falava de seu profundo reconhecimento aos amigos.

IV

A maca, em que colocaram a enferma, atravessou várias ruas, sob a curiosidade popular.

Por fim, o cortejo parou no pátio interno do templo espírita, à porta do abrigo que dona Clara mandara construir em outro tempo.

Senhoras acolheram-na com bondade. Vários irmãos surgiam, prestimosos.

Cícero Pontes, presidente do conselho da instituição, chamou Zeferino à parte e falou baixinho:

— Mas escute... Esta mulher aqui...

Zeferino, porém, respondeu decidido:

— Esta mulher tem que ficar aqui mesmo... Esta mulher foi a esposa de Nicão... Você ou eu podíamos estar no lugar dele e tanto minha esposa quanto a sua podiam estar no lugar dela... Vamos dar graças a Deus de poder ajudar. Ela veio para a casa que ela própria construiu. Está no que é dela. E, quando assim não fosse, tem mais direito ao templo do que nós, por ser mais sofredora. Jesus não veio para curar os sãos...

— Mas mesmo na Doutrina... — tornou Pontes reticencioso.

— Doutrina é luz de Deus, mediunidade é trabalho dos homens — replicou Zeferino sereno. — A cidade inteira sabe que dona Clara errou, todos sabemos que ela abandonou os seus deveres, mas é nossa irmã e a nossa obrigação é estender-lhe os braços...

V

Alguém chegou, procurando por Zeferino e Pontes. O médico, que haviam chamado, queria conversar.

O facultativo anunciou que nada tinha a fazer.

A doente estava no fim...

A comunidade, expectante, cercava o leito.

Dona Clara, envolvida em lençóis muito brancos, denunciava extrema lucidez nos grandes olhos.

Sim, tudo em torno despertava saudade! O aposento guardava as mesmas disposições de sua escolha. As paredes cor-de-rosa. A janela ampla trazendo o ar perfumado das laranjeiras. Na mesa pequena, que ela própria comprara vinte anos antes, estavam as flores com que ela e Nicão esperavam pelos doentes...

D. Amália, uma das irmãs da primeira hora, conhecia-lhe os amigos e tudo fizera para que a enferma se sentisse à vontade.

A agonizante inteiriçou-se.

Alguém pediu a oração.

D. Amália cochichou aos ouvidos de Zeferino, informando que dona Clara e Nicão estimavam fazer juntos a prece de Cáritas, nas ocasiões difíceis.

E Zeferino, de pé e cabeça erguida, orou em voz alta:

Deus, nosso Pai, que tendes poder e bondade, dai força àquele que passa pela provação, dai luz àquele que procura a verdade, ponde no coração do homem a compaixão e a caridade.
Deus, dai ao viajor a estrela-guia; ao aflito, a consolação; ao doente, o repouso.
Pai! Dai ao culpado o arrependimento; ao espírito, a verdade; à criança, o guia; ao órfão, o pai.
Senhor, que a vossa bondade se estenda sobre tudo o que criastes.
Piedade, Senhor, para aquele que vos não conhece, esperança para aquele que sofre. Que vossa bondade permita aos Espíritos consoladores derramarem, por toda parte, a paz, a esperança e a fé.
Deus! Um raio, uma faísca do vosso amor pode abrasar a Terra; deixai-nos beber nas fontes dessa bondade fecunda e infinita, e todas as lágrimas secarão, todas as dores se acalmarão; um só coração, um só pensamento subirá até vós, como um

grito de reconhecimento e de amor.
Como Moisés, sobre a montanha, nós vos esperamos com os braços abertos, ó Poder, ó Bondade, ó Beleza, ó Perfeição, e queremos, de alguma sorte, alcançar a vossa misericórdia.
Deus, dai-nos força de ajudar o progresso, a fim de subirmos até Vós! Dai-nos a caridade pura, dai-nos a fé e a razão, dai-nos a simplicidade que fará das nossas almas o espelho que possa refletir a vossa imagem. Assim seja.

Os circunstantes choravam...

Dona Clara tinha a face coberta de palidez indefinível, como se fosse clareada por diferente luz.

Pouco a pouco, o peito asserenou-se.

Todos pensavam em Nicão, e decerto que o Espírito amigo e generoso estava presente, mas todos fixavam o semblante da morta, no qual se estampara fundo vinco de amargura e arrependimento, enquanto dos olhos embaciados e tristes manavam grossas lágrimas...

18

A TIRA DE PAPEL

A sessão terminara.

Armindo pensava enquanto as pessoas deixavam o salão. Ali viera pela primeira vez por insistência de amigos que lhe indicaram o Espiritismo como recurso para asserenar-lhe a angústia.

Ecoavam nele, ainda, as palavras do orador, moço a brandir verbo firme e brilhante:

— A fé em Deus traz a alegria de viver. É sol na alma. Tenhamos confiança e, sobretudo, ajudemos aqueles que não a possuem, confortando os desesperados. Ajudar a alguém é ajudar-nos. Servir é servir-nos...

E Armindo cismava:

— O pregador diz essas coisas, mas não creio que as faça. É muito moço ainda. Cheio de vida. Quero ver quando chegar na minha idade... 56 anos... Quanta decepção!... Quanta dor!...

E, meditando, não percebeu que quase todos os circunstantes já se haviam retirado, deixando-o quase só...

Armindo levanta-se e vê um montículo de papel sobre a mesa.

São pequenas tiras indicando os nomes de doentes que haviam recorrido às orações daquela noite no templo espírita.

Brota-lhe uma ideia de súbito.

Apanharia um nome e aplicaria os conselhos ouvidos.

Consolaria alguém necessitado, tentando melhorar a sua própria mente.

Toma de um pedacinho de papel e lê nele um nome de mulher, com o endereço respectivo.

— Amanhã é domingo — refletiu. — Visitarei essa pessoa pela manhã.

Realmente, às oito horas batia à porta de pequena casa, a desmoronar-se em bairro distante.

Mocinha triste atende.

Armindo pergunta pela mulher indicada.

E a jovem fala baixinho:

— Meu senhor, Conceição acaba de desencarnar. Entre, faça o favor.

Emocionado, Armindo vê junto ao catre paupérrimo duas senhoras humildes compondo o corpo inerte de mulher moça, observadas por duas crianças de olhar agoniado.

Depois das saudações, uma das senhoras assinala discreta:

— Era câncer. Descansou, coitada. Há três meses vinha sofrendo horrivelmente.

Armindo, consternado, ouviu o esclarecimento.

Nisso, um homem penetra no quarto penumbroso.

— É o marido da morta e pai dos meninos — esclarece a senhora, falando de novo.

Armindo dirige-se para ele, fazendo menção de cumprimentá-lo, e, extremamente surpreendido, reconhece nele o orador da noite precedente, de olhos molhados, mas de fisionomia tranquila.

19
Os vira-latas

Desaparecera Nelito, o filhinho do industrial Sérgio Luce.

A família viera da cidade passar o fim de semana no apagado burgo madeireiro. E Manoel, o pequeno Nelito, de 4 anos, embrenhara-se na mata enorme que circundava a localidade.

Duas horas longas de expectativa.

A senhora Luce chorava ao pé do marido preocupado. Amigos chegando. Servidores em movimento. Lá estavam as pessoas mais salientes da vila. O médico, o sacerdote, o juiz, alguns professores e o antigo advogado, Dr. Nascimento Júnior, muito conhecido pela sua intransigência religiosa.

Humilde, apareceu também Florêncio Gama, o diretor do templo espírita recém-fundado. Misturava-se, em sua roupa surrada, à turba palradora, no grande portão da entrada, sustendo dois cães arrepiados, em corda curta.

— Florêncio! Florêncio, venha cá!

Era o Dr. Nascimento a chamá-lo. O operário simples, de chapéu na mão e segurando os cachorros mansos, foi atender.

Talvez desejando humilhá-lo, o causídico pronunciou grande sermão.

Não estimava saber que um templo espírita se erguera.

Respeitava em Florêncio um homem de bem. Trabalhador correto. Ordeiro. Entretanto, não queria vê-lo nas fileiras espíritas. E acrescentava que os espíritas não eram cristãos tradicionais. Não tinham classe. Discutiam livremente o Evangelho do Senhor. E isso lhe parecia desrespeito.

A Doutrina Espírita, a seu ver, constituía desordenado movimento do povo. Sem pastor visível. Sem qualquer linha aristocrática na direção. Que o amigo lhe desculpasse. A hora de inquietude não comportava o assunto; contudo, não conseguia furtar-se ao ensejo.

Florêncio ouviu calado.

Explicou que desejava simplesmente cooperar na busca. E pediu uma roupa usada pela criança.

A senhora Luce atendeu.

Em seguida, solicitou a presença dos cães que habitavam a casa. Vieram à sala quatro buldogues solenes, cinco dinamarqueses fidalgos, dois *fox-terriers* e uma cadelinha bassê.

Florêncio deu-lhes a roupa da criança a cheirar, mas não se moveram.

A seguir, repetiu a operação com os dois cãezinhos que o acompanhavam. Latiram, impacientes. E libertos correram para a mata, voltando, daí a alguns minutos, ladrando alegremente.

— Sigamo-los — disse Florêncio —, tudo indica que a criança foi encontrada.

Todo o grupo avançou.

Com efeito, em pouco tempo, seguindo os cães, surpreenderam a criança dormindo num monte de palha seca.

Os animais ganiam, felizes, como quem havia cumprido agradável dever.

Júbilo geral.

Florêncio recolheu os companheiros para a volta, e, dirigindo-se, bem-humorado, ao Dr. Nascimento, disse-lhe:

— Olhe a lição, doutor. O senhor, decerto, enganou-se ao dizer que a Doutrina Espírita não possui representantes respeitáveis. Temos, sim. E muitos. Agora, quanto a sermos uma religião do povo, lembre-se de que os cães de raça, embora valiosíssimos, ficaram em casa emproados e preguiçosos. Nossos cachorros anônimos, porém, não hesitaram...

E terminou contente:

— Conforme o senhor disse, os espíritas podem ser os vira-latas do canil terrestre, segundo o seu conceito, mas procuram trabalhar, aprendendo a servir...

20
Prisão ou absolvição

À porta do foro, o juiz Carmo Neto dizia ao advogado Luís Soeiro:

— Você poderá, sem dúvida, funcionar na defesa, mas, na condição de juiz e de espírita mais experiente, não posso compreender a maneira pela qual você observa o caso... O réu é homicida e ladrão, abateu o próprio tio para roubar... Não sou a favor da pena de morte, nem posso aprovar a prisão perpétua. Deus nos livre de semelhantes flagelos! Mas entendo que esses delinquentes são enfermos do espírito, requisitando segregação. Alguns anos de escola e de tratamento reajustam os doentes dessa espécie... Não podemos libertar loucos furiosos... A própria Lei divina nos concede na reencarnação os meios precisos de reajuste.

Contudo, o advogado, espírita recentemente chegado à Doutrina, observava:

— Doutor, mesmo assim defendê-lo-ei gratuitamente, com todas as minhas forças, acreditando servir à caridade... Não concordo absolutamente com prisão para ninguém...

— Aprecio a sua atitude — volveu o magistrado —; como espírita, igualmente não aprovo a cadeia, o castigo, a violência, mas os delinquentes de grandes crimes são doentes perigosos que precisamos apartar da sociedade para a adequada assistência.

Chegada a hora do julgamento, o Dr. Luís Soeiro falou com tanta emotividade e eloquência, com tanto carinho e amor fraterno que o réu foi absolvido por unanimidade.

O feito foi comemorado festivamente.

Decorridas algumas semanas, o advogado e a esposa desembarcaram, alta noite, em cidade próxima, de visita a familiares.

Caminhavam na rua deserta, quando um desconhecido avança sobre a senhora indefesa.

O marido reage, grita por socorro, ajuntam-se populares e o homem é preso.

Foi então que o Dr. Luís Soeiro verificou, espantado, que o assaltante era o cliente para o qual havia conseguido a liberdade.

21
Dois meses antes

I

Grande confeitaria paulista, ao anoitecer. Clientela numerosa.

Quando Olavo Dias, denodado trabalhador da seara espírita, se aproxima da caixa para efetuar o pagamento de certa compra, surge a atoarda:

— Ladrão! Ladrão! Pega o ladrão! Pega! Pega!

Alia-se um guarda a robusto balconista e agarra pobre homem, extremamente malvestido, que treme ao apresentar grande pacote nas mãos.

— Ele roubou de um freguês — grita o caixeiro, como que triunfante ao guardar a presa.

Quase todos os rostos se voltam para o infeliz.

O policial apresta-se para as providências que o caso lhe sugere, mas Olavo Dias avança e toma a defesa.

— Não é um ladrão — explica — e não admito qualquer violência.

E no propósito de ajudá-lo, Olavo mente, afirmando:

— É meu empregado e, decerto, retirou o pacote julgando que me pertencesse.

Enérgico, toma o embrulho, devolve-o ao gerente, pede desculpas pelo engano e afasta-se com o desconhecido, dando-lhe o braço, como se o fizesse a um parente, diante dos circunstantes perplexos.

Dobrando, porém, a primeira esquina, dirige-lhe a palavra, admoestando:

— Ora essa, meu caro! Sou espírita e um espírita não deve mentir. Entretanto, fui obrigado a isso para defendê-lo.

O interpelado mergulha a fronte nas mãos ossudas e explica em lágrimas:

— Doutor, roubei porque tenho seis filhos com fome... Sou doente do peito... Não acho serviço...

— Bem, bem — falou Olavo comovido —, não estou aqui para fazê-lo chorar.

Condoído, abriu a bolsa, deu-lhe o concurso possível e perguntou-lhe pelo endereço.

O infeliz declarou chamar-se Noel de Souza, deu os nomes da esposa e dos filhos e informou residir nas proximidades da Vila Maria, em modesto barracão.

O benfeitor, realmente sensibilizado, prometeu visitá-lo na primeira oportunidade, e, finda uma semana, ei-lo de automóvel a procurar pela casinha distante.

Depois de algum esforço, localizou-a.

Encontrou a senhora Souza e os seis filhinhos esquálidos, mas o dono da casa não estava.

Saíra para angariar socorro médico.

Olavo, tocado de compaixão, fez quanto pôde pela família sofredora e, ao despedir-se, ouviu a dona da casa dizer-lhe sob forte emoção:

— Um dia, se Deus quiser, Noel há de lhe retribuir por tudo que o senhor está fazendo...

Precisando deixar São Paulo, em função da vida comercial, Olavo recomendou os novos protegidos a diversos companheiros, e esqueceu a ocorrência.

II

Decorridos seis meses, Olavo, certo dia, chega apressado ao aeroporto de grande cidade brasileira.

Precisa viajar urgentemente, mas não tem passagem. Arriscar-se-á, no entanto, à aquisição de última hora.

Retendo pequena pasta, procura na multidão um amigo que o precedera, minutos antes, com o fim de ajudá-lo, até que o vê a pequena distância, acenando-lhe a que se apresse.

O problema está resolvido. Basta que apresente a documentação necessária.

Avança, presto, mas alguém cruza o caminho. Sente-se abraçado numa explosão de ternura.

Olavo tenta quebrar o impedimento afetivo, mas reconhece Noel de Souza e estaca, surpreendido.

— Você... aqui?

O amigo está humildemente trajado, mas limpo e alegre.

— Sim, doutor, preciso vê-lo — confirma o interlocutor.

— Agora, não — falou Olavo contrafeito.

Como se não lhe anotasse o azedume, o outro toma-lhe o braço e arrasta-o docemente para fora do raio de visão do companheiro que o espera.

— Souza, não me detenha, não me detenha... — roga Olavo inquieto.

— Escute, doutor, preciso agradecer-lhe...

E como se não lhe pudesse escapar da mão, Olavo escuta-lhe a fala entediado e impaciente. Noel refere-se à esposa e aos filhos e repete frases de gratidão e carinho.

Depois de alguns instantes, Dias, revoltado, desvencilha-se e abandona-o sem dizer palavra. Alcança o amigo, mas é tarde.

O avião não pudera esperar.

Acabrunhado, vê, de longe, o aparelho de portas cerradas, na decolagem.

Bastante desapontado, busca Noel de Souza para ouvi-lo com mais atenção, já que perdera a viagem. Entretanto, por mais minuciosa a procura, não mais o encontra.

Daí a quatro horas, recebe trágica notícia.

O aparelho em que disputara lugar caíra de grande altura, sem deixar sobreviventes.

Intrigado, regressa a São Paulo e corre a visitar a choupana de Noel. Quer vê-lo, abraçá-lo, comentar o acontecimento.

Mas, no lar modesto de Vila Maria, veio a saber que Souza desencarnara dois meses antes.

22
PARA QUE DISCUTIR?

Mário Altamirando, ao lado de Vitoriano Siqueira, ouvia admirado os conceitos de Melásio Batista.

O homem parecia inflamado de cóleras sagradas contra a religião.

Batista era familiar de Siqueira, e Mário, recentemente chegado ao conhecimento espírita, assombrava-se ao vê-lo assim passivo ante a agressão moral do parente.

— Tudo não passa de mistificações — clamava Batista sarcástico —, não se salva ninguém. Por último, apareceu a chamada Doutrina Espírita. Conjunção de beócios e exploradores. Embusteiros tomam nome de médiuns e impressionam tolos de toda parte.

E com gesticulação peculiar a muitos caçadores, fazia chiste:

— "Apóstolos", imaginem! Deve ser o mesmo que dizer espertalhões que andam "após... tolos". Mas vocês estejam certos de que a ciência, dentro em breve, fará a liquidação de Deus. A reencarnação também é balela. Já estive caçando leões na África, já fui perseguido por tigres na Índia, já fui estudar de perto o gigantesco trabalho da civilização, tanto na América do Norte quanto na Rússia, já estive na maior altura em balão e já desci à profundeza do Pacífico, junto de pescadores japoneses, e posso afirmar a vocês que a religião será museu da Humanidade.

Batista falou, falou...

Vendo que Siqueira não reagia, Mário aquietou-se. Contudo, após a despedida, quando viajavam para cidade próxima, rumo a grande concentração espírita, interpelou o amigo quanto ao silêncio a que se recolhera.

— Não teria sido oportuna uma reação construtiva? Batista dissera absurdos.

Mas Siqueira apenas respondeu:

— Ora, ora, para que discutir?

E, sorrindo, acrescentou:

— Batista vai desencarnar como nós mesmos. A morte é lição para todos. A verdade brilhará para ele, sem necessidade de irritação para nós. Há tempo de esperar e tempo de conhecer...

Ambos os amigos demoraram-se oito dias fora do burgo em que Batista vivia em elegante casa rural, e, com surpresa, na volta, encontraram-no agonizante...

E o vigoroso ateu que caçara leões e tigres, que conhecia os mais remotos países do globo, escalando alturas e mergulhando no oceano, morreu, vitimado por gangrena, depois da instalação de um "bicho-de-pé"...

23
O FUNCIONÁRIO CONDENADO

I

Envergonhava-se.
Tivera funerais pomposos.
Mas não valia a capa protetora dos amigos desencarnados.
Deixara nome, tradição, legados, necrológios brilhantes.
E, sem dúvida, distribuíra fartas sobras da existência regalada, confortando a muitos.
No fundo, porém, João Martinho não se sentia bem consigo mesmo.
Roubara dos parentes, num processo de herança, para começar a fortuna. E depois, no comércio, fora homem de memória curta e mão leve.
Isso tudo, agora, era assim como cravo de fogo enterrado na consciência.
"Martinho, você foi hoje carinhosamente lembrado na Terra."
"Martinho, alguém está agradecendo as suas doações."
Amigos revezavam-se, ofertando-lhe notícias confortadoras, mas sempre recebiam estas respostas lamentosas:
"Sim, mas eu furtei."
"Sim, mas fui um ladrão."
Era desse modo que o pensamento dele reagia.

Contudo, ante o bem que fizera, estava perdoado. Perdoado por todos. Entretanto, por dentro não se desculpava.

Aumentando a cultura espiritual, não aguentou as acusações silenciosas que lhe nasciam da cabeça, como borralho de fogão sereno, e pediu o retorno. Recomeçar era a grande esperança.

E Martinho recomeçou...

II

Decorridos quarenta anos, João Martinho podia ser visto em novo corpo de carne.

Funcionário de banco, não conseguia realizar os próprios ideais.

Parecia um devedor insolvável, diante da família.

Desde cedo, começara a trabalhar, ajudando o pai doente.

E depois que o pai desencarnou, foi o amparo das irmãs menores. Devia fazer prodígios para não se endividar no fim do mês. E, após o casamento das duas manas mais velhas, caíra enferma a própria mãezinha, com paraplegia irremediável.

João procedia corretamente.

Tudo a tempo e a hora.

Surgiu, porém, a ocasião em que passou a sentir prolongada agonia moral.

Um companheiro, que lhe partilhava as responsabilidades em serviço, desviava somas enormes.

Emitia vales e forjava documentos falsos, cujas cópias atirava na cesta.

Antevendo complicações futuras, Martinho retirava todos os papéis comprometedores do depósito de lixo e os guardava.

Rara a semana em que não chegava em casa com várias peças na direção do arquivo.

Possuía no aposento um cofre particular, com fundo falso, cujo segredo somente ele, Martinho, conhecia.

E nesse último escaninho amontoava as provas da culpabilidade do amigo infeliz.

Em sã consciência, não podia formular acusações prematuras. O rapaz talvez tivesse costas quentes, e poderia ser considerado caluniador "se levantasse a lebre" antes da hora.

Era preciso, no entanto, defender-se. Uma hora difícil poderia chegar.

Durante quatro meses, a situação perdurava inquietante, quando veio o inesperado...

O moço leviano conheceu a morte num desastre, em noite de farra.

III

Era setembro...

Martinho pensou no imperativo do esclarecimento.

Mas seria justo acusar um morto, do qual ninguém lhe pedia contas?

Calou-se e esperou...

Eis que surge, porém, o fim de ano.

Balanço ativo.

Martinho preparou a papelada para qualquer circunstância.

Quando a tomada de contas no banco ia em meio, o correto funcionário sofre um choque profundo.

A casa humilde em que reside é assaltada, enquanto assiste à desencarnação da mãezinha no hospital.

Desolado, João verifica que o assaltante carregara todos os objetos de valor, inclusive o cofre em que deitava os documentos íntimos.

Desconfiança terrível incendeia-lhe o crânio.

Decerto, o colega morto tinha cúmplices.

E os cúmplices haviam fingido uma "limpa" em regra.

Desfigurado, volta ao banco, depois de haver solucionado os problemas do funeral materno, e encontra a bomba estourada.

O diretor chama-o a falas.

Naturalmente esperara dois dias, em consideração à sua dor de filho, mas coloca o assunto em telas claras.

João foi responsabilizado pelo desfalque de um milhão e duzentos mil cruzeiros.

Martinho alarmou-se, rogou, reclamou e chorou, mas não conseguiu articular qualquer defesa.

IV

Recolhido à cadeia correcional, onde foi condenado a dois anos de prisão, depois de rumoroso processo, Martinho tentou o suicídio.

Amigos, contudo, puseram-lhe nas mãos a literatura espírita.

E Martinho devorou livros, narrativas, conceitos e ideias...

Acalmou-se.

Descobriu o poder da prece.

Acolheu a prova, como o boi recebe a canga.

Aceitou a reencarnação. No íntimo, estava convicto de que fora vítima desse ou daquele companheiro interessado em livrar-se da justiça, mas compreendeu que devia perdoar.

Ainda assim, a mudança de vida alterou-lhe a saúde.

A tuberculose ganhava área, e o coração fatigado parecia motor falhando...

No dia garoento em que saiu do cárcere, depois de cumprida a pena, era uma sombra.

Raros fios de cabelo desciam da calva procurando ocultar-lhe a orelha.

Caminhava dificilmente.

Tossia.

Suspirava por um caldo quente.

Cambaleando quase, atingiu a moradia da única irmã casada que ainda lhe possibilitava ligação, mas recebeu apelo injusto.

— João — disse ela —, aqui estão vinte cruzeiros para você. É tudo o que eu tenho, mas não posso hospedá-lo. Meu marido não compreenderia. Temo ofensas. Volte amanhã. Conversarei com ele hoje à noite e veremos o que será possível fazer.

Martinho, humilhado, foi ao bar próximo.

Tomou um café e começou a perambular.

Receava buscar amigos.

Cansado, trêmulo, vendo que a noite baixava, procurou, procurou... até que viu velha casa abandonada num terreno baldio de bairro pobre.

Conseguiu jornais velhos, aqui e ali, e entrou, disposto a dormir.

Num canto de parede semiderruída tropeçou em algo.

Abaixou-se.

Surpreendido, tateou o objeto.

Era um cofre, sem dúvida! Carregou-o para local menos escuro.

Espantado, verificou que era o antigo cofre de sua propriedade, largado ali por alguém...

Fora violado, escancarado, mas percebeu que o fundo falso não fora aberto.

Gastou tempo e força e acabou descerrando o escaninho.

E todos os documentos que o inocentavam apareceram.

Agora, percebia que toda a suspeita em torno dos amigos do banco era realmente infundada.

Fora pilhado, sim, por malfeitores vulgares.

Martinho, fatigado, contemplou os papéis que lhe teriam sido preciosos anos antes.

Deitou-se no piso escalavrado. Releu todos, um por um.

Em seguida, acendeu um fósforo e queimou-os em monte.
Escurecera de todo.
Por muito tempo, Martinho orou e pensou...
E, por fim, a tosse.
Depois, o silêncio.
Martinho enlanguescera.
E, a princípio, só as formigas e os cães tomaram conhecimento de que havia no local um corpo morto, como feixe de ossos moles renteando um punhado de cinzas.

24
O ASSALTO DA LISONJA

Em sua residência no Méier, Manuel Quintão, que era, ao tempo, vice-presidente da Federação Espírita Brasileira, recebia a visita de um companheiro que se autobiografava a cada instante:

— Como você sabe — dizia ele agora —, quando eu fundei a casa espírita a que nos referimos, todos me aplaudiram... Minha conferência foi muito bem comentada... Minha opinião, no assunto, foi um sucesso... Os jornais pediram meu parecer e fiz o que pude pela Doutrina Espírita, com a aprovação de todos...

De quando em quando, mergulhava a ponta do charuto no cinzeiro e continuava:

— Todos estão satisfeitíssimos comigo... Sinto-me plenamente apoiado...

Quintão, depois de ouvir longo tempo, falou sério:

— Sim, meu caro, Deus o conserve assim festejado; entretanto, não nos esqueçamos... A lisonja, em qualquer situação, é uma pedra de tropeço...

O companheiro apanhou-se em falta, ante a delicada observação, e ficou procurando algum ponto no ambiente para não dar a perceber o seu verdadeiro estado de alma.

Vagueando o olhar, notou, em vaso próximo, que linda begônia de dona Alzira, a dona da casa, estava sendo atacada por enorme lagarta.

Encontrou a motivação que buscava e falou:

— Sem dúvida... (e mostrando a larva) a lisonja em nós é tal qual essa lagarta na planta...

Quintão sorriu, expressivamente, e, fazendo menção de libertar a begônia daquela indesejável presença, disse com firmeza:

— Meu amigo, o homem não pode evitar o assalto da lisonja, mas aquele que conserva semelhante praga consigo decerto caminha para a sua própria destruição.

25
Carolina e Agenor

I

—Não posso mais! Estou resolvida!

— Não diga isso. Fique mais calma. Somos espíritas e...

— Não, Agenor! Não quero mais filhos. Nem esse e nem a possibilidade de outros. Estou decidida.

— Se houvesse realmente necessidade... Mas você está forte, robusta. Isso é meia-morte. Pense bem. Olhe o "deixai vir a mim os pequeninos!...".

— Não. É muita gente que faz isso, por que não posso fazer? Vou agora ao hospital tratar de meu caso. Estou resolvida.

Assim falando, Carolina ralhou com os três filhos pequenos e deixou a casa, nervosa, acompanhada de Agenor.

II

— Quero falar com o doutor. Ele está?

— Minha senhora, ele está operando agora. Não deve demorar muito.

Nisso, um senhor ao lado pergunta:

— Quem está ele operando? É uma senhora loura?

E o porteiro, respeitoso, respondeu em voz baixa:

— Não, meu senhor. É uma senhora que acaba de chegar perdendo muito sangue. É alguma coisa de aborto. Está passando muito mal.

Agenor olhou significativamente para Carolina...

III

— A senhora loura é sua parenta? — pergunta Carolina ao vizinho da poltrona.

— Sim. É minha tia.

— De que se vai operar?

— Ela, minha senhora, desde que perdeu o último filho, está perturbada. Vão fazer uma operação na cabeça dela, para ver se melhora o gênio.

Agenor voltou a olhar expressivamente para Carolina...

IV

Eis que passam dois homens em avental branco, e Carolina, atenta ao movimento em torno, na expectativa de falar ao facultativo, ouviu, de relance:

— As cifras estatísticas de câncer uterino são avultadas — disse um.

— E aqui, na região, a incidência é grande? — pergunta o outro.

— Muitíssimo. Basta ver que a enfermaria feminina sempre está com três a quatro casos...

Agenor, ainda uma vez, olhou incisivamente para Carolina...

V

Carolina levanta-se, resoluta.

Agenor segue.

Vão transpondo a porta principal da casa de saúde, quando o solícito porteiro inquire:

— Não vai esperar, minha senhora?

— Não, meu amigo. O doutor está demorando. Preciso cuidar das crianças. Obrigada. Até logo.

— Então, Calu, em que ficamos? — pergunta Agenor ao descer a rampa do hospital.

E Carolina responde:

— Não, Agenor, dos males o menor. Fico assim mesmo...

26
Graças a Deus!

Sozinho. No velho Sítio da Quitéria, que herdara dos avós, Anselmo Pires, apesar da movimentação dos empregados, sentia-se sozinho.

Desde que a morte lhe arrebatara Antônia, a companheira de muitos anos, estava espiritualmente só na casa grande.

A princípio adoecera. Acamado, pedia que lhe dessem veneno. Queria desertar da existência, abandonar o mundo...

Amigos, porém, chegaram generosos e providenciais. E o velho Pires foi conduzido a um templo espírita, à procura de socorro moral. Embora desarvorado, começou a ouvir as interpretações do Evangelho, em novo sentido, e começou a melhorar. As palavras de fé e amor que escutava, atento, penetravam-no como bálsamo santo. Os livros espíritas, desempenhando o papel de conselheiros silenciosos, imprimiram-lhe novo rumo às meditações. A prece, no ambiente dos companheiros, parecia-lhe agora alimento insubstituível.

E, certa noite, ao pé dos irmãos de fé, sobreviera a grande surpresa. Desabrochou-lhe de súbito a clarividência. Viu Antônia, rediviva, ao seu lado... Chorando, ouvia-a pronunciar as antigas frases de carinho e confiança, a pedir-lhe mais ampla renovação. Desde essa hora, a existência de Pires mudara completamente.

Estava sozinho, mas desfrutando alegria misteriosa.

Não acreditava apenas. Sabia, tinha certeza. Reencontraria a esposa abnegada e inesquecível num mundo melhor. E, por isso, já não era somente o arrendatário das terras que possuía. Fizera-se, de todos os meeiros e assalariados, o amigo e o benfeitor. Reformara os próprios hábitos. Dispunha de horário para visitar os doentes e tinha tempo para conversar com os meninos esfarrapados da vizinhança, fosse para solucionar-lhes as necessidades ou para guiá-los no aproveitamento da escola.

Com a vida transformada, surgira, no entanto, um problema.

Anselmo fora caçador inveterado e possuía vasta coleção de espingardas e lâminas, revólveres e chuços, tudo em madeira primorosamente trabalhada. Verdadeira sala de armas. Amigos, de passagem, visitavam-lhe a coleção, como quem surpreendia valioso setor de museu.

O acervo de preciosidades era avaliado em seiscentos mil cruzeiros, incluindo duas telas notáveis pela precisão dos traços e das cores, em que se viam grandes cães estraçalhando coelhos inermes.

Anselmo envergonhava-se, agora, de reter semelhante material.

Ele que ensinava, atualmente, princípios de compaixão e caridade, não sentia satisfação em contemplar aquilo. Com o desapontamento de quem pedia perdão à Natureza, recordava o tempo em que se punha a perseguir codornizes e pacas e a experimentar o gatilho em pombos e nhambus assustados.

Nesse dia, parara por muito tempo no paiol velho, a que mandara recolher, descontente consigo próprio, dois grandes alambiques em que fazia a destilação de aguardente.

Ora, ora! Ele, espírita, como incentivar o alcoolismo? Alambiques, no engenho, agora, não tinham razão de ser. Desparafusou as máquinas e colocou-as no galpão de bugigangas.

Em seguida, num ato de bravura moral para consigo mesmo, transferiu para o antigo paiol todas as armas de que se ufanara tanto tempo! Espingardas de suas costumeiras excursões à região do Araguaia, armas que haviam pertencido ao Conde d'Eu, armas que haviam sido usadas pelo bisavô, em terras do Paraguai, armas que o sogro lhe deixara em recordação de afanosas caçadas ao javali em Mato Grosso... Juntou-as aos dois grandes painéis que lembravam pobres coelhos expondo vísceras sangrentas e comunicou à governanta que a sala de armas teria outro destino...

A seguir, Anselmo pensou, pensou...

Como desvencilhar-se de semelhantes apetrechos? Não mais fabricaria aguardente, não mais caçaria animais indefesos...

Entretanto, o material representava significativa fortuna.

Vendido, resultaria em patrimônio importante para qualquer instituição de beneficência ou conseguiria ajudar a independência econômica de qualquer dos abnegados companheiros de serviço que o cercavam. Mas seria justo — refletiu — entregar aos outros o que se fizera prejudicial a ele mesmo?

Dois dias passaram sem que a solução lhe viesse à pergunta íntima.

Orou, pedindo a inspiração do Alto; contudo, mesmo assim, a ideia-chave não lhe surgiu à cabeça.

Em razão disso, intrigado, resolveu ir à cidade próxima, onde consultaria um benfeitor espiritual, por intermédio de um médium amigo. Expor-lhe-ia o caso. No entanto, o instrumento a que recorreria estava ausente. Pires visitou esse e aquele amigo. Trouxe a questão à baila. Mas nenhum deles, após ouvi-lo, emitiu opinião em caráter definitivo. Tudo incerto.

— É muito dinheiro, quase um milhão...

A resposta vinha reticenciosa, de quase todos.

Pires, desalentado, tomou a charrete para a volta e outro assunto não lhe vinha ao pensamento que não fosse o montão de coisas indesejáveis a esperar-lhe a decisão.

Quase ao chegar em casa, porém, não somente avistou o bambual novo a dançar ao vento, como grande parada de bailarinos, mas também o Zé Guindo, antigo servidor da fazenda, montando o alazão de serviço, em plena disparada ao encontro dele mesmo.

— Que teria acontecido?

Mas o inquieto sitiante não teve muito tempo na indagação, porque o Zé, acercando-se do veículo, disse logo:

— Seu Anselmo, venha depressa! Depressa!

— Que há, homem de Deus?

— Incêndio no paiol! As crianças começaram a brincar perto e o fogo está lavrando...

— Que paiol?

— O paiol onde o senhor guardou os alambiques...

Foi então que Anselmo, como se alijasse pesada carga, iluminou o semblante de alegria que, a entremostrar-se num sorriso, estourou numa risada franca.

— Que há, patrão? — gritou o moço aflito.

Anselmo, porém, respondeu alegremente:

— Graças a Deus! Graças a Deus!

Pires encontrara a solução ao problema que tanto o acabrunhava, mas o empregado guardava a convicção de que o velho patrão estava caduco...

Segunda parte

Médium: Francisco Cândido Xavier

1
Evitando o crime

Era o Dr. Aristides Spinola distinto diretor da Federação Espírita Brasileira, no Rio de Janeiro, quando foi procurado por um amigo do Méier, que lhe comunicou a desesperadora situação no lar.

Tinha esposa e quatro filhas a se voltarem contra ele, em difícil obsessão.

Duas filhas solteiras rixavam com as duas casadas, e os genros, inimigos entre si, injuriavam-no, publicamente, cada qual querendo senhorear a casa. E, no que era mais triste, a esposa ficara moralmente ao lado de um deles, criando-lhe posição insustentável.

A cada momento, era instado a discutir.

Sentia-se tentado a matar um dos genros, mas começara a ler algo da Doutrina Espírita e sentia-se necessitado de orientação.

Não desejava perder a migalha de Luz que a fé lhe acendera na alma.

O Dr. Spinola, que era muito humilde e sereno, aconselhou:
— Evite a discussão.
— E se eu for insultado? — indagou o consulente.
— Conte até 60, sem responder.
— Mas se a provocação continuar?

— Busque mudar de assunto.
— Se for inútil?
— Saia de casa.
— É possível, no entanto, que mo impeçam — tornou o amigo, sinceramente interessado em tratar de todas as minúcias.
— Se isso acontecer, procure isolar-se num quarto, a chave.
— E se abrirem o aposento à força?
— Nesse caso, telefone imediatamente para o pronto-socorro e espere a ambulância na porta.
— E quando a ambulância chegar?
— Entre nela e recolha-se ao hospital — disse o Dr. Spinola —; isto é melhor que entrar na faixa do crime, comprometendo-se por muitas reencarnações.

O cavalheiro despediu-se mais tranquilo; no entanto, rogou ao prestimoso orientador para que o visitasse, por espírito de caridade, no dia seguinte, a fim de ajudá-lo a conversar com a esposa, que parecia francamente obsidiada.

Na manhã seguinte o Dr. Spinola encaminhou-se para o endereço de que se munira; entretanto, ao chegar à porta, deu com uma ambulância que deixava a casa, tilintando, ruidosamente, a pedir caminho...

2
O GOLPE DE VENTO

Ali, na solidão do quarto de estudo, Joanino Garcia descerrara a grande janela, à procura de ar fresco.

Repousara minutos breves.

Agora, porém, acreditava ter chegado ao fim.

Julgara haver lido numa obra de clínica médica a própria sentença de morte.

Facilmente sugestionável, há muito vinha dando imenso trabalho ao médico.

E, não obstante espírita convicto, deixava-se levar por impressões.

Em menos de dois anos, sentira-se vitimado por sintomas diversos.

A princípio, dominado por bronquite rebelde, compulsara um livro sobre tuberculose e supusera-se viveiro dos bacilos de Koch.

Tempo e dinheiro foram gastos em exames e chapas.

Entretanto, mal não acabara de se convencer do contrário, quando, numa noite, ao sentir-se trêmulo, sob o efeito de determinada droga, começou a estudar a doença de Parkinson e foi nova luta para que lhe desanuviassem o crânio.

Joanino mostrara-se contente, por alguns dias; entretanto, uma intoxicação alterou-lhe a pele e ei-lo crente de que fora atacado pela púrpura hemorrágica, obrigando o médico e a família a difícil trabalho de exoneração mental.

Naquele instante, contudo, via-se derrotado.

Experimentando muita dor, buscara o consultório na antevéspera e o clínico amigo descobrira uma artrite reumatoide, recomendando cuidados especiais.

No grande sofá, depois de leve refeição, ao sentir pontadas relampagueantes no ombro esquerdo, tomou o livro de anotações médicas e abriu no capítulo alusivo à moléstia que lhe fora diagnosticada.

Antes de iniciar a leitura, levantou-se, com dificuldade, para um gole d'água, tentando aliviar as agulhadas nervosas, e não viu que o vento virara as folhas do volume.

Voltando, sobressaltado leu nas primeiras linhas da página:

"A moléstia assume a forma de dor pungente e agoniante. Geralmente a crise perdura por segundos e termina com a morte. Sofrimento agudo e invencível. A dor começa no ombro esquerdo a refletir-se na superfície flexora do braço esquerdo até as pontas dos dedos médios."

Joanino rendeu-se.

Quis gritar, pedir socorro, mas a "dor agoniante", ali referida, crescia, assustadora.

Pensou na mulher e nos quatro filhinhos.

Suava.

Afligia-se como que sufocado.

Não podendo resistir, por mais tempo, aos próprios pensamentos concentrados na ideia da desencarnação, rendeu-se à morte.

Despertando, porém, fora do corpo de carne, afogado em preocupações, ao pé dos familiares em chorosa gritaria, viu o benfeitor espiritual que velava habitualmente por ele.

O amigo abraçou-o, emocionado, e falou:

— É lamentável que você tenha vindo antes do tempo...

— Como assim? — respondeu Garcia, arrasado. — Li os sintomas derradeiros de minha enfermidade.

— Houve engano — explicou o instrutor —; os apontamentos do livro reportavam-se à angina de peito e não à artrite reumatoide como a sua leitura fez supor. A corrente de ar virou a página do livro. Você possuía, em verdade, um processo anginoso, mas com catorze anos de sobrevida. Entretanto, com o peso de sua tensão mental...

Só aí Joanino veio a saber que morrera, de modo prematuro, em razão da sensibilidade excessiva, ante a leitura alterada por ligeiro golpe de vento.

3
Podia ser PIOR

O médium Filgueiras era espírita de grande serenidade.

Certa feita, um amigo, que ele não via desde muito, visita-lhe a casa e, depois das saudações habituais, dá notícias do próprio pessimismo.

Declara-se ausente de toda atividade doutrinária. Continua espírita de convicção, mas afastou-se do trabalho mediúnico, da leitura, das sessões, das preces...

Inquirido por Filgueiras, começou a explicar-se:

— Imagine você que minha infelicidade começou quando o meu sócio conseguiu furtar-me quase tudo o que eu possuía. Foi terrível desastre...

— Mas podia ser pior! — falou Filgueiras, preenchendo a pausa da conversação.

— Em seguida, estabeleci-me com pequena loja; no entanto, meu único empregado ateou fogo a tudo, após roubar-me...

— Podia ser pior... — atalhou Filgueiras.

— O azar não ficou aí, pois, quando me viu sem qualquer recurso, a companheira me abandonou, buscando aventuras inconfessáveis...

— Podia ser pior...

— Depois disso, minha única filha, aquela que ainda se mantinha ao meu lado, ouviu as insinuações de um homem que a seduziu, desprezando-me com amargas palavras...

— Podia ser pior...

— Por fim, meu irmão, a única pessoa que ainda me dispensava proteção e carinho, foi assassinado por um salteador que escapou à cadeia.

— Mas podia ser pior... — acentuou Filgueiras calmo.

O outro sorriu, mal-humorado, e objetou:

— Ora essa! Que podia ser pior? Dois ladrões me acabam com os negócios, dois malandros me acabam com a família e um assassino me acaba com o único irmão... Que podia ser pior, Filgueiras?

O prestimoso médium abanou a cabeça e respondeu calmamente:

— Podia ser pior, sim, meu amigo! Podia ser você o autor de tantos crimes; entretanto, cá está conversando comigo, de consciência purificada e mãos limpas. Sofrer dos outros é, de algum modo, trilhar o caminho em que Jesus transitou, mas fazer sofrer ao outros é outra coisa...

O amigo silenciou e, ao despedir-se, rogou a Filgueiras o benefício de um passe.

4
O CASO DO APRÍGIO

Quando cheguei ao leito de Alfredo Cortes, debatia-se o velho entre as raias da morte.

Casa cheia.

Afastei os populares que se aglomeravam ao pé do quarto e pedi garantias para examiná-lo severamente.

O coronel Cortes fora vítima de traiçoeiro golpe e agonizava sem esperança.

O punhal atingira o coração e, condoído, sentei-me, desarvorado.

Sobre os lençóis empapados de sangue, jazia o ancião inerte.

— Coronel — perguntei ansioso —, quem lhe fez isso?

O moribundo buscou, em vão, mover os olhos na direção do grande cofre violado e ciciou uma palavra.

Colei o ouvido aos lábios quase imóveis, e, depois de muito esforço, escutei um nome:

— A... prí... gio...

Senti-me empolgado de horror. Aprígio era o rapaz que ele amava por filho. Naquele minuto rápido, lembrei-me da história dele. Fora enjeitado à porta de Cortes, quando D. Alzira, a esposa, ainda estava na Terra. O casal sem filhos exultara. Muita vez eu surpreendera os amigos em passeio para distrair a criança. Aprígio crescera mimado, respeitado, protegido. Não quisera cursar instituição de ensino superior; entretanto, recebera instrução suficiente para desempenhar profissão respeitável. Costumava encontrá-lo, à noite, ao pé de amigos desocupados, quando de minhas visitas inesperadas aos casos de urgência. Nunca poderia suspeitar, porém, de que estivesse caminhando para semelhante loucura.

Não consegui, no entanto, mais largo tempo para a reflexão.

A vítima cravou em mim os olhos embaciados, conquanto lúcidos, e estremeceu.

Chegara o fim.

Emocionado, abri passagem, de modo a cientificar meu apontamento à polícia, mas a sala contígua povoava-se de vozes ásperas.

Dei alguns passos e estaquei.

— É ela! é ela!

Madalena Leandro, pobre lavadeira do povo, era puxada pelos cabelos.

Aprígio estava à frente do grupo amotinado, gritando com veemência.

Comuniquei o óbito ao chefe do destacamento policial e busquei agir com serenidade, tomando informes.

Madalena fora surpreendida no telhado, mostrando enorme aflição.

Acusada, não se defendera. Tudo inclinava a autoridade a crer fosse ela a homicida.

Intrigado, avancei para a infeliz, perguntando:

— Diga, Madalena! Confesse! Foi realmente você?

A desditosa mulher, em silêncio, fixou em mim os olhos agoniados, à maneira de triste animal sentenciado à morte.

— Foi você?

Havia tamanho imperativo em minha pergunta, que a mísera, como que hipnotizada, confirmou sob o pranto pesado a lhe escorrer do rosto:

— Sim, fui eu!
— Assassina! Assassina! — clamou Aprígio colérico. — E o dinheiro? Onde está o dinheiro?

Como a acusada não respondesse, o moço precipitou-se de punhos cerrados e, a esmurrar-lhe o peito, bramia desesperado:

— Diga! diga! Maldita! Maldita!

A infeliz tombou de joelhos e rogou, súplice:

— Piedade! pelo amor de Deus, tenham piedade de mim!

Buscava debalde interferir, para sustar novo crime, quando o rapaz lhe aplicou um pontapé à altura dos pulmões e a lavadeira rolou, desgovernada.

O sangue borbotava-lhe agora da boca trêmula e, revoltado, consegui acalmar os ânimos.

Não permitiria se alongasse a agressão.

E ouvindo-me o arrazoado, o responsável pela ordem ponderou:

— Doutor, compreendemos a sua indignação, mas, afinal de contas, o pobre rapaz está possesso de angústia... Acaba de perder o pai e, sinceramente, no lugar dele, não sei se me comportaria de outra maneira...

Entendi que a hora não admitia réplicas e solicitei fosse Madalena conduzida à prisão, para as medidas aconselháveis.

Inquieto, continuei de atenção voltada para o assunto.

Perseguida por Aprígio, a infortunada mulher foi submetida a inquirições humilhantes.

Sempre que interrogada, declarava-se autora do estranho homicídio, mas, se instada a dizer algo sobre o furto, calava-se, estremunhada e, com isso, experimentava maior punição.

Procurei o juiz indicado para o processo, em segredo amistoso, esclarecendo-o quanto à minha observação, em caráter de confidência. E após atender-me, o magistrado, gentil, promoveu acareações.

Aprígio foi chamado a depor diante da ré.

E fazendo força para alcançá-lo na consciência, não vacilei arrolar-me entre as testemunhas.

Percebendo-me, todavia, a atitude, explicara que o velho, embora pacífico, desde algum tempo mostrava sintomas de alienação mental evidente. Vivia desmemoriado, agastadiço. Esquecia nomes familiares, truncava referências. E acentuava que não tinha dúvidas quanto à culpabilidade de Madalena. Narrava, com ênfase, como a encontrara em telhado vizinho, ansiosa, a observar os efeitos da infâmia que praticara. Dois soldados e ele próprio haviam visto. Esgueirara-se pelo quintal afora, depois do crime. Decerto, enterrara o dinheiro roubado em algum lugar e, em seguida, espreitava, buscando possivelmente surripiar nova presa. A residência do coronel tinha joias e alfaias, relógios e roupas finas. Madalena fora, em outro tempo, lavadeira da casa. Conhecia passagens e escaninhos.

A acusada ouvia, em lágrimas, silenciando...

Se alguém perguntava, ao fim do interrogatório: "Mas foi você?", Madalena chorava muda, fazendo um gesto confirmativo.

O sofrimento, contudo, alquebrara-lhe as forças.

Hemoptises apareciam, amiudadas.

Anotando-me o interesse pela infeliz, a autoridade judiciária permitiu pudesse, de minha parte, hospitalizá-la para o tratamento preciso.

A acusada, entretanto, como se houvesse desistido da existência, não mostrou qualquer reação favorável.

Ao cabo de vinte dias, providenciava-lhe o enterro de última classe.

A lavadeira não pudera esperar o julgamento definitivo.

E a vida continuou na marcha irrefreável.

Por muito tempo, demorei-me ainda entre os homens, e assisti à ascensão e à queda de Aprígio.

Dono da regular fortuna que herdara em testamento de Alfredo Cortes, prosperou a princípio, para cair, mais tarde, em descrédito, depois de largos anos em jogatina e dissipação. Findo vasto período de enfermidade e desencanto, morrera, ignorado, na sombra do hospício.

Um novo dia, entretanto, chegou para mim também e vi-me de mãos vazias, no retorno ao plano espiritual.

A morte do corpo renovara-me a alma e, em pleno acesso a lutas diferentes, dentre os amigos que me vieram trazer o abraço afetivo, Madalena surgiu, nimbada de luz.

Conversamos, alegremente, e porque o passado me batesse em cheio na tela da memória, formulei a pergunta discreta. Afinal, onde estava a verdade? Não fora Aprígio o autor da tragédia?

A heroína, porém, fitando-me de frente, tudo elucidou, respondendo, calma:

— Doutor, nada pude falar, porque Aprígio, o infeliz criminoso, era meu filho...

5

O PORTEIRO E
O ALMIRANTE

O almirante Francisco Vieira Paim Pamplona, que foi Presidente da Federação Espírita Brasileira e espírita dos mais abnegados, no Rio de Janeiro, dirigia o Asilo de Órfãos Anália Franco e era ali muito procurado.

Homem de muitas atribuições, compadecia-se daqueles companheiros aos quais não podia ceder maior atenção.

Pensando sanar o problema, tomou a cooperação de um confrade desempregado que lhe pedira auxílio.

Até que lhe arranjasse colocação, o moço ficaria junto à Instituição, atendendo às visitas inesperadas.

Conversaria pacientemente.

Trataria a todos com caridade.

Indicaria o horário certo em que ele pudesse ser encontrado, sem prejuízo do trabalho.

E ele, o almirante, pagaria modesta remuneração do próprio bolso.

O amigo aceitou, contente.

No vigésimo dia de serviço, porém, Paim Pamplona teve responsabilidades mais graves e por lá ficou, até muito tarde, sem que o homem soubesse de sua presença, em sala próxima.

Em certa hora, ouviu altas vozes.

Aguçou o ouvido e escutou.

O moço gritava para pobre mulher:

— Safe-se daqui, "sua" velhaca! A senhora acha que pode pedir ao almirante uma coisa dessas? Espiritismo não é feitiçaria. Se a senhora voltar aqui com este assunto de homem fugido, bato a porta em sua cara! Compreendeu? Rua! Vá para a rua! O almirante não esteve, não está e nem estará. Suma de minha vista!

— Desculpe! Desculpe! — rogava a pobre.

Mas o improvisado porteiro gritava:

— Rua, antes que eu chame a polícia! Rua, antes que eu chame a polícia!

A senhora saiu correndo.

O almirante chegou calmo e ainda encontrou o moço fulo de cólera.

— Há quantos dias você está trabalhando? — falou Paim Pamplona, sem alterar-se.

— Vinte dias, almirante.

O distinto oficial da Marinha Brasileira enfiou a mão no bolso, retirou a carteira, contou a importância e estendeu as cédulas ao moço, dizendo-lhe:

— Bem, meu filho, de hoje em diante não se considere mais a meu serviço.

— Mas por quê? — indagou o amigo desapontado.

E o almirante sereno:

— A cena que você acabou de representar não condiz com o programa espírita desta Casa.

6

Quinze minutos

I

Aristeu Leite era antigo lidador da Doutrina Espírita.
Assíduo cliente das sessões.
Dono de belas palestras. Edificava maravilhosamente os ouvintes.
Bom leitor.
Correspondente de instituições distintas.
Mantinha com veemência o culto do Evangelho no lar.
Extremamente caridoso. Visitava, cada fim de semana, vários núcleos beneficentes.

II

Naquela sexta-feira foi para casa, exultante.
Vivera um dia pleno de trabalho, coroado à noite pela oração ao pé dos amigos.
Entrou. Serviu-se de pequena porção de leite e, logo após, dirigiu-se ao quarto de dormir, onde a esposa e as filhinhas repousavam.
Preparou-se para o sono.
Sentia, porém, necessidade de meditação e voltou à sala adjacente.
Abriu pequeno volume e releu este trecho:

"O cristão é testado, a cada instante, em sua fé, pelos acontecimentos naturais do caminho.

Por isso mesmo, a oração e a vigilância, recomendadas pelo divino Mestre, constituem elementos indispensáveis para que estejamos serenos e valorosos nas menores ações da vida.

Em razão disso, confie na Providência maior, busque a benignidade e seja otimista.

A caridade, acima de tudo, é infatigável amor para todos os infelizes.

Por ela encontraremos a porta de nossa renovação espiritual.

Acalme-se, pois, sejam quais forem as circunstâncias e ajude a todos os seres da Criação, na certeza de que estará ajudando a si mesmo."

Aristeu fechou o livro, confortado, e refletiu: "Estou satisfeito. Vivi bem o meu dia. Continuarei imperturbável. Auxiliarei a todos. Estou firme. Louvado seja Deus."

Sem dúvida, sentia-se mais senhor de si.

Realizava-se. E, em voo mais alto de superestimação do próprio valor, acreditou-se em elevado grau de ascensão íntima.

Nesse estado de alma, proferiu breve oração e consultou o despertador. Uma e quinze da madrugada.

Apagou a luz e recolheu-se.

III

Penetrava de leve os domínios do sono, quando acordou sobre-excitado.

Alguém pressionava de manso a porta.

A esposa despertou trêmula.

Aterrada, não conseguia sequer falar.

Aristeu, descontrolado, pôde apenas balbuciar:

— Psiu, psiu... Ladrão em casa.

Lembrou-se, num átimo, de antigo revólver carregado, em gaveta de seu exclusivo conhecimento.

Deslizou, à feição de gato.

E porque o rumor aumentasse, disparou dois tiros contra o suposto intruso.

Dispunha-se a continuar, quando voz carinhosa exclamou assustadiça:

— Meu filho! Meu filho! Sou eu, seu pai! Sou eu! Sou eu!...

Desfez-se o tremendo engano.

O genitor do chefe da casa viera de residência contígua. Possuindo as chaves domésticas, não vacilara, aflito, em vir rogar ao filho socorro médico para a esposa acamada, com febre alta.

Algazarra.

Vizinhos em cena.

Meninas em choro de grande grito.

Aristeu, envergonhado, abraçava o pai, saído incólume, e explicava aos circunstantes o acontecido.

Enquanto revirava pequena farmácia familiar, procurando um calmante, deu uma olhadela no relógio.

Uma e meia da manhã.

Entre os votos solenes e a ação intempestiva que praticara, havia somente o espaço de quinze minutos...

7
O DISFARCE

A velha Jordelina Torres recebera do fazendeiro Paulo Mota as piores humilhações da vida.

A princípio, quando mais moço, perseguira-a com propostas menos dignas a que resistira valentemente.

O homem teimoso, contudo, para vingar-se, crivara-lhe o esposo, então empregado da fazenda, com tantas tarefas de sacrifício que o pobre veio a desencarnar de maneira inesperada e violenta.

Desde então, o adversário gratuito apertou o cerco.

Seduziu-lhe ambas as filhas, ao preço de ouro, lançando-as à existência em que a mulher bebe fel com o nome de "vida fácil" e, em seguida, não contente, tomou-lhe a casinha esburacada, banindo-a do sítio.

Jordelina, analfabeta, buscou a cidade grande, encorajada na fé, e fez-se cozinheira na residência de um médico, junto de quem teve a felicidade de encontrar uma família do coração.

Os anos rolaram e, certo dia, já grisalha, Jordelina Torres foi solicitada a comparecer no leito de morte do fazendeiro.

O portador comunicou-lhe que Paulo Mota, muito doente, se fizera religioso e queria vê-la antes de partir para o túmulo.

Quem sabe se o poderoso sitiante tencionava pedir-lhe perdão ou aquinhoá-la com algum bem?

Jordelina realmente não desejava rever o desafeto, mas, vencida pelos argumentos da casa afetuosa a que servia, pôs-se de viagem para a fazenda.

Lá chegando, contudo, encontrou a surpresa.

Paulo Mota estava morto desde a véspera.

E, deitado no féretro, mostrava curiosa apresentação, pois pedira à filha que o vestissem como Jesus no dia do Calvário.

O cadáver estava em posição solene, envergando grande roupão branco, cana humilde entre as mãos, coroa de espinhos na cabeça, pés descalços. Tudo simples, sem uma flor.

O fazendeiro dissera que desejava chegar ao outro mundo com a pobreza e a simplicidade do divino Mestre.

Jordelina Torres chegou, respeitosa, e fitou o morto compungidamente.

Orava, serena, quando foi abordada por D. Mariana Mota, a filha do fazendeiro, que lhe falou:

— Dona Jordelina, lamento que a senhora não tenha chegado antes... Papai estava muito interessado em que a senhora o perdoasse por alguma falta de outros tempos...

— Não tenho nada contra ele — disse a velha humilde —, pois também sou pecadora, necessitada do perdão de Deus.

Encorajada por uma resposta assim tão doce, a jovem senhora indicou o morto, cuja figuração efetivamente lembrava o sublime Crucificado, e falou à recém-chegada:

— A senhora não acha que papai está bem como está?

Foi então que Jordelina explicou, sem afetação:

— Sim, minha filha, Nhô Paulo está muito bem disfarçado, mas ele agora está seguindo para o lugar onde é bem conhecido.

8
A JOIA

I

No grande transatlântico em que 180 pessoas seguiam da América do Sul para a América do Norte, dentre as quais 110 brasileiros, o Sr. Zenóbio de Carvalho era cavalheiro dos mais simpáticos. Prestativo. Cordial. Sempre um sorriso bom, distribuindo coragem.

Acompanhava uma filhinha de 4 anos para tratamento de saúde em Nova Iorque e, com o rosto já coberto de rugas, dava a ideia de 60 anos de idade, quando ultrapassara apenas a faixa dos 40.

Exteriorizava, porém, tamanho encanto na convivência que se tornara por todos estimado.

Entretanto, Carvalho, conhecido como distinto comerciante no sul brasileiro, estava preso a um hábito forte.

Toda manhã e toda tarde era visto no tombadilho compulsando livros espíritas.

Ninguém dava a isso maior interesse, menos o velho professor Marques Botelho, que não ia com semelhante atitude.

E todas as vezes que o negociante saía da cabina para ler diante do mar, o educador tomava uma das obras de Hemingway, que andava recordando para familiarizar-se com o inglês, e postava-se em outra poltrona, ao lado dele, como em desafio, a baforar fumaça espessa pelo cachimbo encastoado de prata.

II

Às vésperas do desembarque, reuniram-se todos os viajantes no salão de festas, para o lanche em comum.

Carvalho chegou, como sempre, conduzindo um livro espírita e, porque as circunstâncias o colocassem renteando com o cordial adversário, o professor, em meio à festa, apontou o volume, com antipatia evidente, e falou em voz alta:

— Sinto ojeriza especial por tudo quanto se relacione com Espiritismo...

— Ora, ora, mas por quê? — indagou Zenóbio humilde.

— Há precisamente vinte e dois anos — comentou o educador —, estive em Buenos Aires, estudando a instrução na Argentina, e hospedei-me com um amigo na rua de Córdova, onde me roubaram precioso anel de brilhantes, lembrança de minha mãe. Meu amigo viu o vulto do ladrão que desapareceu numa construção próxima, onde se praticavam sessões espíritas. Providenciamos a inquirição policial. O bando espírita esteve detido, mas tudo em vão... Desde essa época, não vou com essa droga...

O negociante ruborizou-se e respondeu:

— Sinto-me realmente numa hora de testemunho. Devo confessar que, em minha mocidade, fui ladrão, mas, há vinte anos, após um roubo por mim praticado, alguém se compadeceu de minha juventude viciada e colocou-me nas mãos uma obra de Allan Kardec. Reformei-me. Compreendi que a vontade cria o destino e sou hoje outro homem...

— Oh! Oh!...

Exclamações explodiam de todas as bocas.

— Sr. Carvalho — aparteou o catedrático —, não tive a intenção de ofendê-lo... Não tenho simpatia pelo Espiritismo, mas não creio que o senhor tenha errado alguma vez. Perdoe-me.

Mas Zenóbio, agora sorrindo sereno, enfiou a mão no bolso interno do paletó e arrancou de lá um anel e entregou-o ao educador, exclamando:

— Fui eu que lhe furtei a joia, em Buenos Aires. Há vinte anos eu a trago no bolso, para devolvê-la ao legítimo dono.

Num rasgo de imenso valor moral, fitou os circunstantes e acentuou:

— Creiam que hoje é um dos mais belos dias de minha vida...

E terminou, ante o emocionado silêncio de todos:

— Graças a Deus!

9

COMO NÃO?

Espíritas generosos visitavam a grande colônia de alienados mentais, em tarefa de assistência.

Manhã fria, muito fria.

Aqui, era alguém distribuindo cobertores.

Adiante, senhoras entregavam agasalhos.

Avelino Penedo, velho pregador dos princípios kardequianos, muito ligado aos aperitivos, entra na pequena farmácia do instituto, retira certa quantidade de conhaque de alcatrão e, esfregando os dedos, volta à intimidade dos companheiros.

— Minha gente — diz ele —, a casa parece sorvete! Quem quer uma talagada?

Todos os circunstantes agradecem e recusam.

Percebendo-se só, diante do cálice já servido, Avelino, sem graça, aproxima-se de um dos internados e indaga:

— Você quer, meu irmão?

— Como não? — responde o enfermo.

E estendendo a mão ossuda na direção do copo, acentuou, sorrindo, de modo estranho:

— Todo louco bebe.

10
O MASCARADO

I

César Luchini, jovem generoso, mas temperamental, assistia à reunião espírita, junto dos pais, embora contrafeito.
Demétrio, o orientador desencarnado, falava, benevolente, acerca da educação.
— Meus filhos — dizia em determinado tópico do comentário evangélico —, é preciso amparar a criança, armando-lhe o coração com valores morais. Muita gente acredita que meninos devem andar à solta, como planta de mato agreste. E toca a deixá-los na rua, plenamente à vontade. Entretanto, quando quer couve na horta, dispõe-se a defendê-la e discipliná-la. Ninguém consegue sustentar pequena horta ou jardim sem esforço. Se, no trato da Natureza, a vida pede atenção, como entregar a criança a si mesma? O Espírito comparece no berço com as qualidades felizes ou infelizes que cultivou no passado e, realmente, não prescinde da vigilância e da instrução necessárias para o justo aproveitamento na luta que recomeça. Sabendo, de nossa parte, que a maioria das criaturas torna à reencarnação, em consequência dos próprios erros, é imperioso estender braço forte aos pequeninos, a fim de que, desde cedo, se fortaleçam para o combate às tentações que surgirão deles mesmos. As tendências inferiores são raízes muito difíceis de extirpar. E, se relaxamos, voltam a produzir para o

mal, em tempo certo, qual acontece com os vegetais venenosos esquecidos na terra.

Demétrio terminou, pelo médium, encarecendo a gravidade do problema e distribuindo renovadoras consolações.

Em casa, dona Perpétua, a mãezinha de César, desejando fixar os ensinamentos na memória do filho, comenta, entusiasmada, os merecimentos da alocução.

Enquanto saboreiam o chá, refere-se aos desajustes da infância, como que provocando o moço à conversação.

Após ouvi-la, taciturno, durante muito tempo, César considera:

— Não vejo tanta importância no assunto. Respeito a ideia espírita de amparo à criança, mas acredito que a educação deve ser livre. Contrariar um menino nas inclinações naturais, será torcer-lhe o íntimo. Chego a admitir que muito quadro triste, na delinquência de jovens, é simples fruto das estranhas exigências de lares, em que pais ignorantes obrigam filhos a crescer com desilusões e recalques...

— Meu filho — interveio Luchini, pai —, liberdade sem dever é sementeira de injustiça e desordem...

César, contudo, rebatia:

— Estou noivo e, a breve tempo, terei minha própria casa. Se Deus confiar-me algum filho, será livre, crescerá sem qualquer prejuízo ou superstição...

Diante do azedume que lhe transparecia da voz, calaram-se os genitores.

E, de vez em vez, quando o tema vinha à tona desse ou daquele entendimento doméstico, o moço tornava à reação, rebelde e agastadiço.

II

Decorrido algum tempo, César estava casado, pai de família. Em quatro anos, Cilene, a esposa, culta e caprichosa quanto ele mesmo, enriquecera-lhe o coração com dois filhos.

Luís Paulo e Vera Linda cresciam mimados e sorridentes.

Como se o mundo lhes pertencesse, tinham tudo o que desejavam, ao alcance das mãos.

Destruir brinquedos e utilidades parecia neles vocação das primeiras horas.

Eram em casa diabretes incorrigíveis.

Entretanto, que ninguém ralhasse, mesmo de longe.

Aos próprios avós, Cilene e César não regateavam advertências, nos instantes de crise.

— Mãe — dizia o rapaz desenvolto —, não interfira. Os meninos são livres. Não quero constrangimento.

E a nora confirmava:

— César tem razão. Criança contrariada hoje é doente amanhã. Nossos filhos não crescerão mentalmente desfigurados.

A vida avançou como sempre.

Quatro lustros passaram céleres.

César Luchini, feliz nos negócios, crescia economicamente na capital paulista.

Terrenos supervalorizados e algumas aventuras no câmbio consolidaram-lhe a posição.

Era, enfim, proprietário, com um mundo de amigos.

Os princípios espíritas e os pais, agora desencarnados, haviam desaparecido no tempo.

O casal endinheirado tinha a semana cheia.

Clubes, recepções, visitas, jogos...

Materialmente, tudo fácil, como barco em brisa leve, no dia azul.

Contudo, se Vera Linda, não obstante voluntariosa e de trato difícil, perseverava no estudo, preparando o triunfo universitário, Luís Paulo caíra no resvaladouro do vício.

Aos 26 anos, era um cabide de maus costumes.

Debalde tentavam pais e amigos arrebatá-lo às companhias deploráveis e perigosas. Embrutecera-se na vida noturna, consumindo somas consideráveis, inacessível a qualquer reprimenda.

César e a esposa, a princípio, gritaram, admoestaram, reagiram, mas era tarde... E porque tivessem largo programa de vida social a atender, passaram a ignorar a existência do filho, reduzindo-lhe a mesada, na suposição de, com isso, melhorar-lhe os impulsos.

Enquanto o casal de novos ricos se dava ao luxo das viagens constantes, desfrutando o prazer das grandes corridas no automóvel de luxo e favorecendo esportes diversos, abraçando amigos ou bebericando em praias distantes, mergulhava-se o moço na delinquência.

III

Noite agradável de sábado.

O grande jardim, ladeando a casa isolada, recendia perfume raro.

Lá fora, jasmineiros floridos e o vento perpassando pelas folhas das corismeiras.

César e Cilene, bem-postos, despedem-se da filha que se debruça sobre os livros, à espera de exame próximo.

O casal tem encontro marcado.

Devem abraçar amigos recém-chegados de Nova Iorque, residentes num palacete do Jardim América, mas lhe deixam o número do telefone.

Que a filha não se preocupe.

Visita de pouco tempo.

Vera Linda está só.

Liga o televisor e reparte a atenção entre os livros e um cardápio de músicas televisionadas.

O relógio silencioso marca as horas. Nove, dez, onze...

Súbito, ouve passos. Alguém chega.

Levanta-se, tranquila, na convicção de que os pais estão de regresso.

Contudo, a breve instante, vê um mascarado que lhe aponta um revólver.

— Não grite ou morrerá! — fala, em voz arrastada.

E ordena ríspido:

— Dê-me a chave do cofre. Quero as joias da casa. Você sabe... Adiante-se, não há tempo a perder...

A moça, lívida, atende ao desconhecido que a impulsiona para o interior, como se conhecesse a intimidade caseira.

Estarrecida, quer pensar, reagir... Mas não pode.

Obedece maquinalmente.

Retira a chave de minúsculo vaso, mas o intruso, de arma em riste, resmunga, firme:

— Abra você.

A moça caminha à frente e penetra no aposento dos pais, seguida pelo malfeitor implacável.

Ao abrir o cofre, lembra-se de que o pai conservava sempre um revólver em pequenina gaveta lateral.

"Não vacilarei" — refletia consigo mesma.

Descerrando a porta de aço, encontra a arma, tateando-a com os dedos finos. E, em movimento brusco, aperta o gatilho de encontro ao desconhecido, fulminando-lhe o coração.

O embuçado desfere grito rouco, cambaleia e cai banhado em sangue.

A jovem apavorada corre ao telefone e disca.

No Jardim América, César e Cilene jogam calmamente o *pif-paf*.

O capitalista ouve, então, a voz da filha:

— Papai, papai, venha depressa! Matei um homem... Um ladrão...

Varado de angústia, o casal toma o carro, em companhia de dois amigos. Um deles é médico. Fará quanto possa para amenizar a tragédia.

Em minutos rápidos, o grupo entra em casa.

Vera Linda soluça.

Descobrindo, no entanto, a face mascarada do corpo imóvel, surge a surpresa.

O morto é Luís Paulo.

A moça aproxima-se, agora semilouca, e atira-se nos braços hirtos do irmão cadaverizado.

Os pais choram, mas o médico amigo, mentalmente calejado para a solução dos grandes conflitos da consciência, sugere, calmo:

— César, conforme-se. O que está feito, está feito. Estamos à frente de *um suicídio*. Chamarei a assistência e assumirei a responsabilidade.

No outro dia, César e Cilene, de óculos escuros, assistem aos funerais do filho como se estivessem num desfile de modas, e, passados dois meses, sozinhos e desolados, acompanham a filha num carro fechado, para trancá-la num manicômio.

11
FALTA DE CARIDADE

O templo espírita tinha dimensões pequenas. Mas os amigos arranjaram um microfone. E Neves da Cruz, o orador convidado, falou para grande multidão. Gente por toda parte, entupindo portas e abafando janelas. A maior parte dos ouvintes enfrentava a noite, do lado de fora.

Depois de belas considerações em alta voz, Neves terminou:
— Caridade, meus amigos! Todos podemos dar. Os mensageiros divinos acompanham todos aqueles que servem com amor. Fugir à caridade é cair na avareza. Viver na preguiça é cair no tédio. E avareza e tédio fazem as doenças sem cura.

Muito aplaudido, Neves retirou-se para o lanche em casa de amigos. E, depois do lanche, o recolhimento no hotel, para a viagem no dia seguinte. Fazia calor e, sem sono, desceu à calçada e pôs-se a ler sob a luz da marquise.

Nisso, passa um velho esfarrapado e pede, estendendo a mão magra como graveto de carne viva:
— Uma esmola pelo amor de Deus!

Neves enfia a mão gorda e quente no bolso do paletó, e, sentindo-se antecipadamente na posse da oferta, diz o mendigo:
— Que os bons Espíritos o acompanhem...

O provável doador, no entanto, só encontra uma nota de cem cruzeiros como dinheiro trocado, e desiste.

Vendo que a mão vinha vazia, o ancião completou, revoltado:

— E nunca o alcancem...

Notando que estava sendo censurado, Neves torna a mergulhar os dedos no bolso, e o pedinte falou, novamente encorajado:

— Que os bons Espíritos o acompanhem e nunca o alcancem com doenças...

Cem cruzeiros, porém, no conceito do Neves, era muito, e a mão voltou sem nada.

Ao perder a esperança, o velho acrescentou:

— Que possam ser curadas.

— Mas isso é uma injúria! — disse Neves irritado. — Quem ensinou o senhor a pedir assim, rogando pragas?

E o velho:

— Hoje, na casa espírita, um homem falou que os bons Espíritos acompanham as pessoas caridosas e que falta de caridade faz as moléstias sem cura.

Neves, ruborizado, sem dizer palavra, meteu a mão no bolso, arrancou a cédula de cem cruzeiros e deu-a ao velho.

12
TENTAÇÕES

A conferência no templo espírita versara sobre tentações, compromissos, faltas, culpas...

Antônio Gama, distinto corretor, e a esposa, dona Cornélia, caminhavam de volta a casa, ao lado de Artur Ramos, companheiro de fé. E Antônio comentava:

— Entretanto — disse Ramos —, cautela nunca é demais. Todos somos capazes de cair...

— Ah! mas não temos a prece e o conhecimento? — falou dona Cornélia. — É impossível que estejamos assim tão atrasados!?...

— Não! — tornou Gama. — Não somos tão ruins! Já subimos um degrauzinho...

A chegada ao lar interrompeu a conversação.

Logo, porém, depois de instalados em casa, enquanto dona Cornélia preparava o chá, o telefone tilintou.

Gama atendeu.

— Quem é? — perguntou.

E a voz veio macia e familiar:

— Pois você estranha, Antônio? Somos nós...

E ouvindo referência ao nome de certa firma, conhecida por grandes negócios, e com a qual já operara algumas vezes, Gama ajuntou satisfeito:

— Dê as ordens.

E falaram do outro lado:

— É um negocião. Basta apenas um recibo assinado por você e receberá oitocentos mil cruzeiros...

A voz continuou, explicando que se tratava da venda de vários automóveis para determinada companhia.

Antônio percebeu que se tratava de operação inconfessável, e pediu um momento.

Emocionado, explicou a dona Cornélia de que se tratava, e, alarmados, conversaram rapidamente.

Oitocentos mil cruzeiros!

— Afinal — concluiu dona Cornélia —, é um negócio como os outros.

— Sim — falou o marido —, se eu não aceitar, outros aceitarão.

E piscando os olhos:

— Deve ser o amparo de algum amigo espiritual para que possamos comprar, enfim, o nosso apartamento.

Em seguida, correu ao fone e avisou:

— Aceito.

— Muito bem! — responderam. — Encontrar-nos-emos amanhã, no mesmo lugar.

Gama perguntou então:

— Explique-me. Onde estarei para o entendimento?

O amigo desconhecido mudou o tom de voz e falou, claramente preocupado:

— Mas ouça! Você não está compreendendo? Diga! É você mesmo quem fala?

— Sim — aclarou Antônio —, sou eu, Antônio Gama, o corretor...

— Ah! — concluiu o outro com inflexão de profundo desapontamento. — Desculpe, cavalheiro, houve erro de ligação...

Só então o casal de incipientes na Doutrina reconheceu que ambos haviam fragorosamente caído em perigosa tentação...

13

O LIVRE-PENSADOR

Vital Cesarini, muito conhecido pela distinção e pelas ideias liberais, entretinha-se em animada conversação com o seu amigo João Fagundes, num café, e o assunto era a juventude transviada.

— Graças a Deus — dizia João —, consegui que meu filho se interessasse pela Doutrina Espírita e, com isso, está mais ponderado, mais responsável.

— Não temos necessidade de religião para consertar a mocidade — afirmava Cesarini. — Em casa, somos livres-pensadores e meu Jairo é um modelo. Bacharelou-se e é hoje alto funcionário do banco, sem trazer-me qualquer problema. E que pureza de costumes, Seu João! A gente perto dele é uma espécie de pecador que precisa estar prevenido.

— Oh! isso é uma felicidade...
— Sem dúvida.
— Seu filho frequenta cinemas, teatros?
— Absolutamente.
— Fuma?
— Nunca usou um cigarro.
— Tem namoradas?
— Tem 26 anos, não tem *caso* algum.
— É vegetariano?
— Tem pavor à carne, nunca provou um bife.

— É calmo dentro de casa?

— Nunca lhe ouvi a menor expressão de cólera. É delicado, limpo, maneiroso...

— Não sai à noite?

— Somente para trabalhar, em serões de serviço.

Nisso, porém, alguém surge à mesa.

Cesarini descobre-se e apresenta:

— É o diretor do banco em que meu filho trabalha.

Senta-se o recém-chegado e, enquanto aceita o café, mostrando o semblante triste, fala, discreto:

— Sr. Cesarini, venho de sua residência, onde fui procurá-lo para importante assunto. Ainda assim, não sei se posso falar-lhe aqui...

— Esteja à vontade — respondeu Cesarini ansioso —, estou às suas ordens.

— Seu filho — informou o amigo —, conforme inquérito silencioso que terminamos hoje, acaba de dar enorme desfalque no banco, assinando cheques falsos no valor integral de um milhão e duzentos mil cruzeiros.

14

Assim mesmo

Achava-se Bittencourt Sampaio muito doente, recolhido em um dos aposentos de sua casa, no Rio de Janeiro, quando alguns admiradores, de visita, se reuniram em sala contígua, conversando, sem que o soubessem atento.

Antigo político pernambucano, sentindo que os amigos presentes tinham vindo do Norte, sem mais amplo conhecimento dos grandes méritos do enfermo, explicava:

— O Dr. Francisco Leite de Bittencourt Sampaio, pela circunstância de se haver tornado espírita, é um homem que esconde os próprios títulos. Imaginem que formado muito cedo pela Faculdade de Direito de São Paulo, antes dos 30 anos de idade já era deputado por sua província. Desde então, passou a ser um dos maiores representantes de Sergipe, na Corte. O imperador D. Pedro II consagrava-lhe enorme apreço. O Visconde do Rio Branco, o grande Paranhos, era fiel na estima que lhe dedicava. Foi administrador da província do Espírito Santo com brilho invulgar. No Império, sempre recusou as homenagens que lhe foram oferecidas.

"E tanto era respeitado pelos monarquistas como pelos republicanos, pois, logo depois do '15 de Novembro', foi nomeado diretor da Biblioteca Nacional, que reformou de maneira notável. O Dr. Bittencourt é primoroso poeta, jornalista de prol, político hábil, vigoroso administrador..."

Nisso, porém, Bittencourt, que tudo ouvia, exclamou dentro do quarto, com voz cansada e alegre:

— Com tudo isso, morro assim mesmo...

A conversação solene transformou-se em risada cristalina.

E, com efeito, daí a poucos dias, os mesmos amigos abraçavam-se, de novo, acompanhando-lhe os funerais.

15
Nunca mais voltou

No campo, em velha casa inglesa, periodicamente começou a aparecer uma jovem materializada.

No último domingo de cada mês, era vista por todos, com indisfarçável assombro. E porque na região escasseasse o conhecimento espírita, os inquilinos lá não paravam.

O pequeno solar vivia constantemente fechado.

Acontece, no entanto, que uma família de Londres se transferiu para o pequeno burgo e passou a ocupá-la.

— O lugar é assombrado — diziam todos os vizinhos.

O velho chefe da casa, porém, marinheiro recentemente aposentado, possuía vasto cabedal de conhecimentos mediúnicos e não se deu por achado.

Com efeito, no dia indicado, a entidade surgia em determinado aposento, demorando-se largo tempo diante de antiga penteadeira.

Os dois rapazelhos, filhos do casal, assustaram-se, a princípio, mas o progenitor, após preparar-se por um mês de oração e leitura edificante, deliberou falar com o *fantasma*.

Quando a jovem se corporificou, plena de beleza, o ex-marujo entrou reverente no quarto e saudou-a, em nome do Cristo.

A moça retribuiu, confortada, e ele perguntou por que motivo se dispunha, assim tão bela, a visitar sítio tão solitário e sem qualquer atração.

A menina-mulher explicou, em linguagem fidalga, que ali vivera no século XVI e que lhe aprazia recordar, quando possível, a existência feliz que desfrutara junto dos pais, acrescentando que a aristocrática penteadeira fora presente do noivo que perecera no mar. Sentia imenso consolo ao contemplá-la, porque ainda não lhe fora permitido reunir-se, para sempre, ao escolhido do coração.

Respeitoso, o dono da casa procurou esclarecê-la, comunicando-lhe, sem rebuços, que ela não mais pertencia ao mundo dos chamados vivos, travando-se entre os dois curioso entendimento.

— Como vê, minha irmã, você não mais se encontra encarnada na Terra.

— Sei perfeitamente tudo isso — falou a jovem, sorrindo. — Tenho minhas atividades e sonhos no plano espiritual e estou consciente de minha responsabilidade.

— Deve então afastar-se daqui.

— Oh! oh! por quê?

E batendo na cana do braço esquerdo, disse o interlocutor, mais franco:

— Porque nós aqui somos homens.

A moça exibiu imensa agonia moral no semblante e indagou:

— Quer dizer, então, que o senhor é alguém que se veste de carne, carregando vísceras cheias de sangue, com cheiro de animais abatidos e de vegetais mortos? O senhor expele gases que fazem lembrar o sepulcro? Quando tosse derrama líquidos grossos a que chamam saliva e catarro? Quando trabalha expele através dos poros uma água salgada de nome suor que recorda o ambiente dos peixes apodrecidos no mar?

O ex-marujo, surpreendido, pôde apenas confirmar:

— Sim, sim...

A bela entidade materializada fitou-o com evidente horror e gritou:

— Que medo! Socorro, ó Deus dos Céus! livrai-me do *fantasma terrestre*!...

E dizem que nunca mais voltou.

16
Não perdoar

Bezerra de Menezes, já devotado à Doutrina Espírita, almoçava, certa feita, em casa de Quintino Bocaiúva, o grande republicano, e o assunto era o Espiritismo, pelo qual o distinto jornalista passara a interessar-se.

Em meio da conversa, aproxima-se um serviçal e comunica ao dono da casa:

— Doutor, o rapaz do acidente está aí com um policial.

Quintino, que fora surpreendido no gabinete de trabalho com um tiro de raspão, que, por pouco, não lhe atingiu a cabeça, estava indignado com o servidor que inadvertidamente fizera o disparo.

— Manda-o entrar — ordenou o político.

— Doutor — roga o moço preso em lágrimas —, perdoe o meu erro! Sou pai de dois filhos... Compadeça-se! Não tinha qualquer má intenção... Se o senhor me processar, que será de mim? Sua desculpa me livrará! Prometo não mais brincar com armas de fogo! Mudarei de bairro, não incomodarei o senhor...

O notável político, cioso da própria tranquilidade, respondeu:

— De modo algum. Mesmo que o seu ato tenha sido de mera imprudência, não ficará sem punição.

Percebendo que Bezerra se sentia mal, vendo-o assim encolerizado, considerou, à guisa de resposta indireta:

— Bezerra, eu não perdoo, definitivamente não perdoo...

Chamado nominalmente à questão, o amigo exclamou desapontado:

— Ah! você não perdoa!

Sentindo-se intimamente desaprovado, Quintino falou irritado:

— Não perdoo erro. E você acha que estou fora do meu direito?

O Dr. Bezerra cruzou os braços com humildade e respondeu:

— Meu amigo, você tem plenamente o direito de não perdoar, contanto que você não erre...

A observação penetrou Quintino como um raio.

O grande político tomou um lenço, enxugou o suor que lhe caía em bagas, tornou à cor natural, e, após refletir alguns momentos, disse ao policial:

— Solte o homem. O caso está liquidado.

E para o moço que mostrava profundo agradecimento:

— Volte ao serviço hoje mesmo, e ajude na copa.

Em seguida, lançou inteligente olhar para Bezerra, e continuou a conversação no ponto em que haviam ficado.

17
Pica-pau

I

Quando o Dr. Crisanto Rosa, engenheiro moço e recém-casado, chegou à sede do serviço, encontrou o Pica-Pau na improvisada estação.

— Doutor, quero levar suas malas.

Dona Moema, a esposa, teve um movimento de recuo.

O homem que assim falava era horrível. As mãos retorcidas e o rosto monstruoso no corpo, que gingava de estranho modo, davam notícia de pavorosas queimaduras.

O Dr. Crisanto não gostou da recepção.

Dispensou rudemente.

— Não preciso — explicou sério.

O pobre homem, contudo, voltou à carga:

— Ora, doutor, deixe-me carregar! Já estou esperando o senhor há tantos dias.

Tanta humildade transpareceu da voz suplicante que o engenheiro sorriu, vencido, entregando-lhe parte da bagagem.

E Pica-pau, suportando peso enorme, saiu carregando três grandes malas, na direção da graciosa casa de madeira que esperava o novo chefe.

O Dr. Crisanto fora comissionado para dirigir o avanço da grande rodovia interestadual em construção e deveria morar ali, em plena mata, entre as famílias de alguns trabalhadores.

Não haveria, porém, dificuldade maior.

A poucos quilômetros, vilarejo florescente e movimentado fornecia de tudo.

O engenheiro e a esposa, encantados, ocuparam a residência pequenina que os aguardava, e Pica-pau, sempre agitado e alegre, gingava daqui para acolá.

Sem que o casal lhe pedisse, varreu as adjacências da casa, fez lume no fogão externo, conseguiu grande porção de lenha cortada e retirou larga quantidade de água do poço.

Dona Moema, modificada pelo comportamento dele, ofertou-lhe alguns restos de refeição, que o servidor humilde comeu com vontade.

II

A noite começava a descer, fria e rápida.

Sentara-se Pica-pau numa tora de madeira, ao pé da casa, com a cabeça apoiada nas mãos, quando o Dr. Crisanto e a esposa o chamaram à sala.

— Pica-pau, sei que você tem esse nome porque mo disseram quando cheguei... — começou o engenheiro.

— É sim, doutor. Meu trabalho é na lenha. Todos me chamam Pica-pau...

— E onde é que você mora?

— Não tenho lugar certo.

— Onde dorme?

— Desde que a turma da estrada chegou, durmo nas máquinas.

O engenheiro fitou a esposa, expressivamente, e continuou:

— Conversei com Moema a seu respeito. Não lhe posso dar abrigo em casa, mas temos a coberta do despejo. Se você quiser dormir lá, temos colchão...

Pica-pau mostrou o sorriso de quem descobrira a felicidade.

— Quero sim — foi toda a resposta.

— Moema ficou satisfeita pelo modo com que você agiu hoje. Precisamos de alguém para serviço caseiro...

— Posso ajudar, sim, senhor.

— E quanto recebe você por mês?

— Ora, doutor, não pense nisso — replicou alegre —, trabalharei para o senhor a troco de comida...

Marido e mulher entreolharam-se comovidos.

E, desde então, Pica-pau foi o serviçal amigo, instalado no telheiro.

O Dr. Crisanto, por mais que indagasse, não colheu outra notícia senão aquela que toda a gente conhecia.

Pica-Pau fora vítima de queimaduras em cidade distante e aparecera, por ali, como um tipo anônimo.

O engenheiro, condoído, já que lhe receberia a cooperação, submeteu-o a exame de saúde por um dos médicos de serviço e o médico atestou-lhe absoluta sanidade física.

— Foi pena queimar-se tanto — disse o clínico bem-humorado —, podia ser um gigante no serviço.

III

Pica-pau mostrava-se agora outro.

Dona Moema, reconhecida, mandava ajustar para ele as roupas e os sapatos que o marido lançasse ao desuso.

Bamboleante como sempre, era visto aqui e ali, no vilarejo próximo, transportando grandes sacolas para compras, ou no jipe de serviço, dando adeus com as mãos recurvadas.

Observando-o, o engenheiro e a esposa notaram que o servidor possuía apenas um hábito profundamente arraigado. Todas as noites, antes do sono, enquanto o Dr. Crisanto permitisse o funcionamento do motor para a luz elétrica, relia um livro surrado.

Certa feita, o casal aproximou-se para ver, e ficou sabendo.

Pica-pau compulsava um exemplar de *O evangelho segundo o espiritismo*.

— Então, você gosta desse livro? — perguntou o chefe, sorrindo.

— Sim, doutor — respondeu acanhado —, é a única coisa que eu tenho...

E acariciando o volume ensebado:

— Este livro me consola e me ajuda a pensar...

— Você é espírita? — indagou dona Moema com inflexão de respeito.

— Sou um pobre homem que já lutou muito — respondeu Pica-Pau —, mas encontrei no Espiritismo o sossego da alma. Se posso responder à pergunta, dona Moema, digo que sou espírita, com muito desejo de praticar o que o Espiritismo me ensina...

Conquanto não abraçassem os mesmos princípios, os amigos louvaram-lhe a fé, bondosos e tolerantes.

Dona Moema passou a esperar o primogênito e era de ver-se a dedicação de Pica-pau.

O apagado trabalhador desdobrava-se em concurso espontâneo.

Abeirando-se da *délivrance*, a jovem senhora foi conduzida pelo esposo à casa de parentes no Rio de Janeiro.

IV

Começou, então, para Pica-pau uma experiência nova.

Distante da esposa, o Dr. Crisanto não era o mesmo homem.

Sem dúvida não diminuíra a consideração para com ele, mas estava diferente. Correto na profissão, mudara a vida particular.

Noite a noite, o engenheiro, como que faminto de novidade, buscava a cidadezinha próxima e embriagava-se, levianamente, em companhia de supostos amigos.

Num certo sábado, porque as horas avançassem madrugada afora, sem que o chefe voltasse, Pica-Pau fez cinco quilômetros a pé.

Procurou, aflitamente, e encontrou-o num bar.

— Doutor — disse ao engenheiro —, vim chamá-lo.

— Que há?

E Pica-Pau engrolou a voz:

— Chegou um portador com notícias de dona Moema...

O chefe aboletou-se no jipe e os dois viajaram, cada qual com a sua própria ansiedade.

Em casa, porém, Pica-pau falou desconcertado:

— Doutor, perdoe-me... Não há mensageiro algum... Estava preocupado com o senhor...

O Dr. Crisanto, algo transtornado pelo copo farto, gritou:

— Era o que faltava... Você, dirigindo! Não encomendei fiscalização alguma!... Não me consta que espíritas andem mentindo. Nunca mais faça isso!...

Pica-pau, humilhado, preparou-lhe o café forte e o assunto ficou encerrado.

Entretanto, no sábado seguinte, repetiu-se o problema.

Às duas da madrugada, Pica-pau, arfando de fadiga, ante a longa caminhada, alcança o bar, surpreende o chefe e avisa, desapontado:

— Doutor, a casa das máquinas está pegando fogo.

O engenheiro, desconfiado, atende; e ambos se põem novamente no jipe.

Mas, em caminho, o diretor do serviço fala nervoso:

— Pica-pau, se você estiver mentindo, pagará caro...

Chegando à casa das máquinas e observando a tranquilidade ambiente, fez um gesto interrogativo, ao que Pica-pau respondeu encabulado:

— Doutor, reconheço que menti, mas não posso ver o senhor nessa vida...

— Ah! não me pode ver? — replicou o Dr. Crisanto irado. — Então não veja...

E vibrou-lhe tremendo pescoção ao pé do ouvido.

Pica-pau rodou sobre os calcanhares e caiu com um filete de sangue a escorrer-lhe da boca, mas não reagiu.

Lágrimas rolavam-lhe dos olhos, quando viu que o Dr. Crisanto movimentava o veículo, de volta ao vilarejo distante.

V

Na manhã imediata, o engenheiro acreditava que o servidor estivesse longe, mas, com surpresa, viu Pica-pau abeirar-se dele, de rosto inchado, a trazer-lhe calmamente a bandeja do café.

Dona Margarida, a arrumadeira, ao vê-lo assim, perguntou admirada:

— Mas Pica-pau, onde é que você arranjou esse rosto?

— Dor de dentes, dona Margarida...

— Dor de dentes, na sua idade? — voltou ela irônica.

— É sim, senhora... Ainda tenho alguns cacos...

A discrição e a humildade de Pica-pau comoveram o Dr. Crisanto, que mostrou expressiva melhora.

Depois de dois meses, no entanto, quando já se achava em vésperas de buscar a esposa e o filhinho recém-nato, o engenheiro voltou às noitadas alegres.

Pica-pau notou o perigo, mas não se mexeu.

O serviço esperava a visita de várias autoridades, quando o Dr. Crisanto, certa noite, foi procurado no bar por Pica-pau.

O pobre dizia-lhe inquieto:

— Doutor, com o pagamento atrasado há dois meses, os operários estão acusando o senhor e planejam uma cilada...

O engenheiro riu-se francamente.

— Que cilada?

— Querem dinamitar a ponte em construção. É preciso salvar o nome do senhor... O pessoal não tem razão...

O Dr. Crisanto desferiu gargalhada irritante e observou:

— Suas mentiras, Pica-pau, não pegam mais... Ponha também a sua bomba...

O portador fez uma expressão de amargura e regressou, coxeando, coxeando...

Não havia, porém, decorrido duas horas, quando pequena comissão veio de jipe, à procura do chefe, com a dolorosa notícia.

Pica-pau, ao tentar o salvamento da grande construção sobre o rio, conseguira preservar a ponte, mas sofrera terrível acidente: ao arrastar a banana explosiva colocada na edificação por mãos criminosas, verificara-se o estouro e teve os braços decepados, além de ferimentos por todo o corpo.

Horrivelmente surpreendido, o Dr. Crisanto voltou às pressas.

Trazido em padiola improvisada, Pica-pau estava no telheiro em que se acolhia. A cama pobre empapava-se de sangue, embora os primeiros curativos tivessem sido feitos.

Arrasado de dor, o engenheiro compreendeu a gravidade da situação.

Trancou-se no recinto humilde com o ferido, que pousava nele os grandes olhos, e rogou:

— Pica-pau, perdoe-me pelo amor de Deus! Como não pude compreender você a tempo?!...

— Ora, doutor, não pense nisso! — respondeu o mutilado em voz sumida. — Tudo está bem...

— Não! Não! Punirei os culpados!

— Não faça isso! Desculpe sempre, doutor. Ninguém é mau porque deseje...

— Mas foi um crime...

— Ora, doutor, quem pode julgar? — falou o acidentado, com voz doce, como se quisesse acariciar o chefe com a palavra, já que não podia fazê-lo com as mãos. — Às vezes, quem colocou a dinamite na ponte é um homem doente... obsidiado... é preciso perdoar...

O Dr. Crisanto não teve coragem de prosseguir exasperado, e perguntou emocionado:

— Que quer você que eu faça, Pica-pau?

— Doutor, se o senhor puder, leia para mim uma página de O evangelho... Estou agora sem braços...

O engenheiro tomou o livro semigasto, e, abrindo na parte final, fez a leitura, entre lágrimas copiosas:

"Meu Deus, és soberanamente justo. O sofrimento, neste mundo, há, pois, de ter a sua causa e a sua utilidade. Aceito a aflição que acabo de experimentar, como expiação de minhas faltas passadas e como prova para o futuro. Bons Espíritos que me protegeis, dai-me forças para suportá-la sem lamentos. Fazei que ela me seja um aviso salutar; que me acresça a experiência; que abata em mim o orgulho, a ambição, a tola vaidade e o egoísmo, e que contribua para o meu adiantamento."

Pica-pau aquietara-se, muito calmo, mas o Dr. Crisanto, à maneira de louco, providenciou o resto da noite e, no dia seguinte, pela manhã, tomou o avião de serviço e rumou com o mutilado para o Rio de Janeiro, tentando salvar-lhe a vida.

VI

Era mais de meio-dia quando Pica-pau deu entrada no grande hospital carioca em que seria submetido a tratamento.

Dois médicos amigos do Dr. Crisanto, no entanto, abanaram a cabeça, depois de minuciosa inspeção.

O ferido avizinhava-se do fim.

Agoniado, o engenheiro foi à procura da família e contou à esposa e à velha mãezinha, dona Maria Cecília, os sucessos amargos.

Ambas quiseram testemunhar carinho ao herói.

E, nas primeiras horas da noite, o trio se dirigia para o confortável quarto em que Pica-pau encontrara acolhida régia.

Na luz indireta que clareava frouxamente o recinto, dona Moema foi a primeira a cumprimentá-lo.

— Então, Pica-pau — falou emocionada —, quando voltarmos, teremos mais alguém. Você vai ajudar-me a velar por nosso rapaz, que já estará crescidinho...

Ele voltou os olhos muito abertos e respondeu, lúcido:

— Oh! sim, um belo menino... Deus o abençoe...

Em seguida, o Dr. Crisanto apresentou-lhe a sua velha progenitora.

A encanecida senhora começou a dirigir-lhe palavras de consolo; entretanto, ao sentir-lhe a fixidez do olhar profundo, desconcertou-se, pouco a pouco, e emudeceu em pranto.

Ele, porém, com serenidade indescritível, passou a dizer, com muito esforço:

— Sim, Cecília, você não precisa perguntar... Sou eu mesmo... Pedro... Pedro, que você não vê há trinta anos. Deus escutou minhas preces... Não queria morrer sem nosso encontro. Perdoe por todos os males... que causei a você... Eu era moço, Cecília... Moço e ignorante... Viciei-me em bebidas e esqueci o lar... humilhando você. Você tinha razão, não me querendo mais... Mas creia que piorei, perdendo você... Você foi o único amor de minha vida... Perdoe tudo... Mudei muito, Cecília... Um dia... alcoolizado... fui vítima da maldade de alguns rapazes que me atearam fogo às vestes... Tratado num hospital, aí conheci a Doutrina Espírita, que reformou minha vida... Passei a ser outro homem. Todavia, não tive coragem de procurá-la... Fiquei deformado... irreconhecível... Mas consegui seguir o nosso Crisanto nos últimos tempos... Continue vivendo para ele, Cecília... Eu, agora... estou no fim... Mas a vida prossegue depois da morte... Um dia, Cecília, no mundo sem lágrimas, serei para você o que devo ser... Confiemos em Deus...

Entretanto, fosse pelo esforço enorme ou porque o Espírito do acidentado julgasse terminada a sua tarefa entre os homens, a cabeça de Pica-Pau tornara-se imóvel. Grossas lágrimas, a se lhe escorrerem dos olhos, agora desmesuradamente abertos, misturavam-se ao suor álgido...

Dona Maria Cecília, ajoelhada, em pranto silencioso, beijou-lhe a testa suarenta e Pica-pau sorriu pela última vez.

O Dr. Crisanto, emocionado, tocou o braço materno e falou:

— Mas, mamãe, que houve?

A nobre senhora, no entanto, após cobrir carinhosamente o corpo hirto, pôde apenas responder, entre soluços:

— Este homem, meu filho, é seu pai...

18
Comigo, não!

— Absolutamente, não aceito qualquer admoestação! Devo estar no hospital com a pressa máxima — era assim que o famoso médico Dr. Armando Carrieri se dirigia ao guarda de trânsito.
E o moço explicava humilde:
— Doutor, apitei porque o senhor não pode seguir nessa velocidade... O túnel está em conserto...
E indicando outros carros detidos:
— Como o senhor vê, há diversos veículos esperando informações...
— Chega de conversa! — tornou o médico irritado. — Se me dispuser a ouvir todos os apitadores do trânsito, acabarei parando o relógio... Não diminuirei a marcha. Devo estar no hospital com a urgência possível.
Nisso interferiu outro médico, o Dr. Zeferino Lanza, que parara o próprio automóvel para receber instruções igualmente:
— Armando, acalme-se. Há tempo suficiente e o guarda não é nosso empregado. E, se fosse, deveríamos a ele consideração e respeito.
— Ora, ora, Zeferino! Era o que faltava... Lições de boas maneiras! Depois de abraçar o Espiritismo, você poderá cha-

mar-se Zeferino Mole. Comigo, não! Nada de guardas ineptos a dar ordens. Estarei no hospital sem perda de tempo!...

E pressionando o pé sobre o acelerador, partiu a toda. Mas daí a minutos chegou a notícia de que o Dr. Armando havia chegado efetivamente ao hospital, mas com ambas as pernas fraturadas em grande acidente.

19

Assistência Mútua

O grupo de companheiros espíritas fazia o trabalho de assistência aos enfermos, com entusiasmo e alegria.

Em casa de dona Carlota Ribas, o quadro era comovente.

A pobre senhora, assistida pelos vizinhos, jazia paralítica, como que algemada ao catre. Sofria. Contorcia-se de vez em quando, em vista da posição incômoda. Doía ver-lhe a magreza extrema.

— Se dona Carlota pudesse ao menos instalar-se numa boa cadeira de rodas...

A observação vinha de alguém que integrava a caravana; entretanto, os visitantes eram pessoas remediadas, sem serem ricos, e ninguém se arriscou à promessa de doação de apetrecho assim tão caro.

Joaquim Peixoto, no entanto, que conhecera no próprio lar o martírio silencioso da sogra doente, mostrava os olhos marejados de pranto, e falou à esposa, igualmente comovida:

— Veja, Lilinda! Tenho a impressão de reencontrar a nossa querida enferma que Deus levou...

Dona Lilinda concordou em silêncio, mal contendo a emoção.

Mais tarde, em casa, Peixoto dirigiu-se à companheira, considerando:

— Lilinda, você compreende... Temos aqui a cadeira de rodas deixada por sua mãe. É uma relíquia, bem sei. Entretanto, como será grande a alegria de dona Carlota, se lhe entregarmos essa doce herança como presente!...

A interpelada esboçou um gesto de repulsa e falou:

— Impossível! A cadeira de mamãe foi primorosamente trabalhada na Alemanha. Tem a bolsa anexa com espelho incrustado de pérolas de que ela tanto gostava! Já enjeitamos vinte contos de réis! Você ganha pouco. Até hoje sou obrigada a dar o pé na máquina de costura, embora as promessas de nomeação para o magistério. A cadeira de mamãe é uma reserva que não podemos menosprezar... Quando a dificuldade maior aparecer...

Peixoto não prosseguiu.

No dia seguinte, porém, ao chegar do serviço para o almoço, encontrou dona Lilinda com a face clareada por enorme sorriso, a dizer-lhe contente:

— Peixoto! Peixoto! Mudei de ideia. Sonhei com mamãe a pedir-me para que atendesse a você... Vamos levar, hoje mesmo, a cadeira de rodas para dona Carlota...

Dessa vez, no entanto, foi o marido quem se mostrou acabrunhado...

— Ora, Lilinda — disse ele —, agora é tarde... Já comprei uma cadeira, mais humilde, embora muito confortável, e já a mandei para a nossa doente. Sei que você não se aborrecerá comigo. Pagarei tudo em seis prestações.

Dona Lilinda ouviu a notícia, imensamente desapontada.

Pesado silêncio caiu entre ambos.

Nisso, alguém bate à porta.

Peixoto abre.

É um rapaz modesto que se dirige ao casal, consultando:

— Sr. Peixoto, vovó soube por amigos que o senhor e dona Lilinda possuem uma cadeira de rodas em casa... Não sei se quererão vendê-la, mas, francamente, se assim é, não poderemos fazer a compra. Vovó está paralítica, há dois meses, com muito pouca esperança de cura. Foi professora e ganha regular vencimento. Mas somos oito irmãos, seis dos quais ainda não têm doze anos de idade. Vovó manda saber se o senhor e dona Lilinda poderão emprestar-lhe a cadeira por algum tempo...

A dona da casa voltou a sorrir novamente e exclamou encantada:

— Peixoto e eu vamos levar-lhe a cadeira hoje ainda... Nada de empréstimos... A cadeira é dela, será dela sempre...

O mocinho agradeceu, contente, e, na tarde do mesmo dia, o casal procurou a casa indicada, transportando a encomenda.

Dona Umbelina, a paralítica, rodeada dos netinhos órfãos, chorou de felicidade.

Enfim, a cadeira sonhada...

Enfim, repousava como queria...

Lilinda e Peixoto acomodam-na com jeito.

A enferma pede a Deus para que os abençoe e pergunta à benfeitora:

— A senhora tem alguma irmã que deseje trabalhar?

— Como assim? — inquire Lilinda surpresa.

— Alguma jovem professora, por exemplo? Deixei os encargos no colégio, jubilada desde anteontem. Minha diretora, porém, solicita que indique a minha substituta...

Emocionada, a visitante fala do diploma conseguido à custa de muito esforço e do velho sonho de ingressar nos trabalhos do ensino público...

Depois de dois meses sobre o encontro expressivo, a senhora Peixoto entrava no educandário, cercada de simpatia.

A bondade gerara a bondade, e uma cadeira de carinho e repouso trouxera outra de serviço e educação.

20
Restabelecido

O irmão Fego, abnegado espírita que se tornara um apóstolo da caridade em Sergipe, começou a aplicar passes magnéticos em um cavalheiro obsidiado, cujas melhoras eram visíveis.

O generoso visitador dos pobres reparou, entretanto, que a memória do enfermo ainda era confusa.

O doente comia regularmente, dormia calmo e falava com acerto, mas parecia de nada mais recordar-se.

Seis meses corriam sobre a situação, quando implorou ao Espírito Bittencourt Sampaio, então incorporado em um médium amigo de Aracaju, socorresse o infeliz, ao que o benfeitor respondeu que o doente já estava plenamente restabelecido e que já não mais necessitava de passe.

— E a memória? — disse Fego — o pobre homem não mais se lembra de nada... É falta de caridade deixá-lo assim...

Bittencourt não respondeu e Fego acreditou que o generoso amigo espiritual fora substituído por algum mistificador.

No dia seguinte, orava junto ao enfermo, agradecendo a presença dos instrutores da Vida Maior nos passes que acabava de ministrar, quando o enfermo foi visitado por um homem de boa aparência, que, depois de saudá-lo, entrou logo no assunto que o trazia.

— Venho vê-lo — disse —, da parte de um companheiro de Pernambuco.

E porque o doente nada respondesse, como se estivesse alheio ao assunto, prosseguiu:

— É o problema da conta... Não se lembra da conta?

— Não, não me lembro... — replicou o interpelado a esparramar-se na rede...

— Mas, meu amigo, é caso urgente... É a velha conta...

— Não me recordo.

— Meu Deus, é uma questão séria... Trata-se de uma conta grande...

Fego, compadecido, interferiu, falando em tom de súplica:

— Peço ao senhor ajudar-nos, solicitando paciência ao credor. Por enquanto, nosso doente está sem memória...

— Mas dá-se o contrário — exclamou o visitante —, trata-se de oitenta contos de réis que preciso entregar-lhe em nome de um amigo.

Os olhos do enfermo iluminaram-se de repente, e ele falou firme:

— Já sei... Lembro-me perfeitamente agora. É um dinheiro que emprestei ao Geminiano, em Recife, há quatro anos... Poderei passar recibo imediatamente...

— Isso mesmo, isso mesmo — disse o recém-chegado, esfregando as mãos.

Estupefato, irmão Fego abanou a cabeça e falou em voz alta, qual se estivesse argumentando consigo mesmo:

— É... é... Bittencourt tinha razão.

21
A CONFISSÃO DO ZELADOR

— A Espiritualidade ajuda de mil modos. Nós é que, muitas vezes, somos ingratos e não compreendemos.

Era Sebastião Mendes, zelador do templo de Espiritismo cristão, a falar para um novo espírita.

— Veja você como me tornei adepto do Espiritismo e por que busco servir nesta casa. Há cinco anos eu frequentava assiduamente um bar no centro da cidade, onde me fiz amigo íntimo de Fulgêncio, o Fulgêncio de Abreu. Chegava e quase sempre batíamos prosa miúda num reservado. Imagine o meu pavor quando, ao procurá-lo em nosso cantinho, não encontrei senão um quadro horroroso! Fulgêncio fora assassinado. O cadáver estava de costas no piso. Grande colar de sangue no pescoço... O rosto contraído numa terrível expressão. Gritei. Muita gente acudiu... Verificamos que o pobre rapaz fora asfixiado com fina corda, além de haver recebido forte pancada no crânio. Fui o primeiro acusado e sofri pesadas humilhações na polícia... No dia seguinte, recobrei a liberdade, mas o quadro do amigo morto não me saía da cabeça... Em toda parte, via a testa, os lábios, os olhos esbugalhados, o colar de sangue. A polícia continuou investigando e prendendo, depois de verificar que o homicídio envolvia um caso de mulher... Mas, de minha parte, nada mais soube senão que me achava quase louco... Não comia, não dormia, agarrado à impressão... Uma colega de serviço indicou-me o Espiritismo para que eu fortalecesse as ideias. Que eu frequentasse as reuniões de estudo, que recebesse passes e buscasse ajudar aos mais necessitados, angariando auxílio para mim próprio. Segui o conselho. Abracei as tarefas de nosso templo. Tentava aprender. Mastigava leituras. Ruminava palestras ouvidas. Esforçava-me para ser útil, de algum modo, aos mais necessitados do que eu. Melhorei. Voltou a paz. Depois de alguns meses, estava bom... e espírita convicto...

O ouvinte, interessado, informou:

— Por mais estranho que possa parecer, conheci muito o Fulgêncio, no bar...

— Ah! conheceu? — tornou Mendes com olhos brilhantes.

E prosseguiu:

— Pois é. No ano passado, reparei que um senhor de meia-idade passou a vir às nossas reuniões. Muito solitário, muito triste. Preocupado. Sofredor. Entrava, ouvia e saía sem dizer palavra. Depois de várias noites, interpelei-o com carinho. Estaria enfermo, cansado? E ele apenas perguntou: "Que fazer quando a consciência está condenando a gente?" Respondi-lhe que devia orar e desabafar com alguém, para começo de alívio. Com grande surpresa para mim, o homem afastou-se calado. Saiu sem despedir-se. E não mais apareceu. Depois de duas semanas, vi o retrato dele nos jornais, com extensa reportagem. O tal senhor confessava a autoria de um crime pelo qual estava sendo condenado um inocente.

Nessa altura, o novo espírita interrompeu admirado:

— Mas não me diga!...

E Mendes concluiu, abaixando a voz:

— E sabe qual era o crime?

— ?

— A morte de Fulgêncio de Abreu.

22
ANTES DE CHEGAR

Estávamos em tarefa de assistência, na grande nave aérea, que voava tranquilamente.

Lá embaixo, as montanhas mineiras mostravam a exuberância de sua vegetação.

Aqui e ali, uma nuvem a espreguiçar-se, impassível.

Lado a lado, conversavam dois amigos:

— E você, que fará no Rio de Janeiro?

— Vou tratar da saúde.

— Você? O confidente dos "bons Espíritos"?

— Como não? São bons amigos... Mas um amigo não pode apagar nossos débitos.

— Mas, enfim, para que serve o Espiritismo?

— Ajuda-me a viver preparado.

— Para quê? — e sorriu, insolente, o companheiro sarcástico. — Vocês, religiosos, só falam em amanhã e amanhã. Mas a vida é hoje, meu caro... Ateu como sou, vivo muito melhor. Minha fazenda dá de tudo. A corretagem é boa mina. Com ela, estou formando larga frota de caminhões em Brasília! Mas vocês, espíritas, são impressionantes. Pensam somente em sessões e ilusões, com os olhos no outro mundo...

— Não é tanto assim...

— Que faz você, agora?
— Como há dez anos, represento o comércio.
— Muitos patrões?
— Muitos patrões.
— Faça como eu. Nada de dependência. Sou livre, livre. Vou aonde quero e faço o que quero. Neste ano, levantarei meu arranha-céu em São Paulo, terei minha casa de repouso, no Eldorado, adquirirei terreno numa das praias de Santos e comprarei novas terras em Goiás. Mas, antes disso, quero visitar Nova Iorque. Darei uma espiada na América. Já estou providenciando passagem num Caravelle... Nada de outra vida. Quero esta mesma...

Nesse ínterim, a grande cidade, embora ao longe, apareceu de todo...

O Corcovado e o Pão de Açúcar ornavam a Natureza da terra carioca.

— Veja a beleza do mundo! — acentuou o viajante materialista. — Isso é para ser desfrutado, gozado, aproveitado. E depressa. Nada de amanhã. Tudo é hoje. Se você quiser esquecer essa história de mortos comunicantes, dê à noite um pulo no meu hotel!...

Nisso, porém, a máquina poderosa começou a jogar.

Parecia um pássaro enorme em convulsões imprevistas.

E, antes que os passageiros dessem conta de si, o grande avião mergulhou no mar, com a desencarnação de todos...

23
Tesouro Enterrado

I

Antes da volta à reencarnação, Levindo Sena foi homenageado por amigos no plano espiritual.

E conversava:

— Felizmente, na casa em que vou renascer, não há mais preocupação de tesouro. Árdua luta para banir essa praga...

Indagações surgiram e Levindo resumiu assim a história de sua última existência na Terra:

— Meu irmão Jacinto e eu, com pequeno sítio no sudoeste de Minas Gerais, ouvimos informações sobre a riqueza do rio Bagagem. Para lá nos dirigimos, tentando a sorte.

"E por lá, vencendo dificuldades e multiplicando ambições, estivemos na mineração doze anos.

"Em viradas e negócios, conseguimos boa provisão de diamantes.

"Por vezes, à noite comentávamos: 'É fortuna para o resto da vida.'

"Fazíamos planos.

"Casar. Criar filhos. E comprar fazendas em sociedade.

"Quando nos julgávamos mais que suficientes, abalamos de volta.

"Nós dois, em valentes cavalos ferrados e dois burros de cangalha com a mudança.

"A qualquer ruído no caminho ou em qualquer desconfiança nas pousadas, empinávamos os trabucos em riste para a defesa dos picuás cheios, a tiracolo.

"Tudo ia bem, quando, na marcha vagarosa, em tarde garoenta de julho, Jacinto agastou-se comigo por 'dá cá aquela palha' e começou a discutir.

"Revidei.

"Trocamos frases amargas.

"Mal refeito do espanto, vi meu irmão retirar a arma da cinta e imitei-o.

"'Você pensa que tocará nos diamantes?' — gritou. — 'Nunca. São meus, são meus.'

"E investiu contra mim.

"Lutamos como dois caititus danados. Por fim, disparou e acertou-me no peito.

"Maquinalmente, fiz o mesmo e feri-lhe um dos pés.

"Perdendo sangue, escutei-lhe ainda as últimas ameaças, até que um sono pesado me entorpeceu.

"Quando dei conta de mim, nada sabia de tempo.

"Reconheci apenas que me sentia sufocar sob águas pesadas, com enorme pedra atada ao pescoço.

"Amigo anônimo libertava-me e trazia-me à tona, carregando comigo para a margem.

"Vim, então, a saber que não mais envergava corpo de carne.

"Jacinto atirara-me a carcaça à corrente profunda do Rio Grande.

"Chorei.

"Quis vê-lo e consegui.

"Depois de rápida viagem, contemplei-o, isolado, de cócoras sobre grande pedra.

"Ao rever-me, explodiu em revolta.

"Afastei-me.

"E o amigo providencial, que me amparara deste lado, explicou que Jacinto, logo após liquidar-me, passou a noite incomodado pelas dores do pé.

"Ao raiar do dia seguinte, montou e tangeu os animais, reconhecendo-se na verde região em que se encontram Ibiraci e Delfinópolis. Penetrou pequeno sítio, sentindo febre.

"Comprou grande caldeirão de ferro batido, com tampa forte, e escolheu um grupo de pedras, em grotão das cercanias, muniu-se de sinais e enterrou os diamantes, para buscá-los depois de refazer-se.

"No velho sítio, porém, apesar de receber tratamento, perdeu o corpo, em terrível agonia, minado pela gangrena.

"Entretanto, permanecia, em Espírito, sobre a pedra marcada.

"Montava guarda aos diamantes, sem desistir da ideia de posse."

II

Ouvíamos em suspenso.

E, atendendo-nos à solicitação, Levindo prosseguiu:

— Ambos sofremos muito.

"Aceitei a verdade e conformei-me.

"Passei a frequentar escolas espirituais de esclarecimento, mas Jacinto conservou-se acocorado na pedra.

"Trinta anos rolaram, quando nossa mãezinha, desde muito desencarnada, conseguiu deslocá-lo, conduzindo-o para o norte do Paraná com promessas de volta.

"Ali, porém, Jacinto reencarnou, com as bênçãos protetoras de antigos familiares.

"Hoje é um moço pobre e triste, recém-casado, entre colonos de vida simples, numa plantação de café.

"Aguarda-me em breve tempo.

"Será meu pai e seremos sócios de trabalho e de luta.
"Ajudar-me-á e, mais tarde, ajudá-lo-ei."
— E o tesouro? — perguntamos a uma voz.
Sena sorriu e terminou:
— Imaginem vocês que Jacinto, reencarnado, desde criança começou a sonhar com os diamantes guardados.
"Muito moço ainda, recebeu favores da Doutrina Espírita e começou a interessar-se pela mediunidade.
"Vez por outra, fora do corpo, em serviço espiritual, era atraído à paisagem a que se ligou por tantos anos.
"À noite, em desdobramento, buscava as pedras não muito longe de Delfinópolis.
"Sem que pudesse romper o olvido com que mergulhara no berço, conhecia, por intuição, a zona que nos registrara o débito moral.
"Colecionava fotografias.
"Indagava.
"Gente que procedesse do sudoeste de Minas Gerais era por ele visada logo.
"E sonhava que por lá havia um tesouro à espera dele.
"Percebendo o perigo, começamos a orar, pedindo socorro.
"Minha mãe, outros amigos e eu rogamos providências da Esfera Superior e incorporamo-nos à falange espiritual que inspirou a construção de grande represa para a produção de força elétrica.
"E quando Jacinto, em nova forma, visitou a cidade de Ibiraci, em Minas Gerais, acompanhando amigos da região, espantado verificou que toda a configuração geográfica lhe era familiar.
"Tudo respondia afirmativamente à sua expectativa.
"Tudo por fora era o que via por dentro.
"Mas, intentando procurar particularidades mais amplas, reconheceu que, se havia algum monte de pedras acolá, amoitando uma panela de diamantes, devia estar irremediavelmente sepultado sob as águas profundas..."

24

Feliz sem saber

O médium João Luna estava doente, cansado.

Lavador de carros, ganhando pouco, afligia-se ao ver a esposa e os quatro filhinhos, descalços e malvestidos, no barraco suburbano, constituído por dois cômodos pequeninos, quase que totalmente remendados por fragmentos de zinco.

Preocupados, alguns amigos conduziram-no à residência de dona Augusta de Lima, conhecida médium no centro da cidade.

Como fazia com todos, a bondosa senhora recebeu o grupo amavelmente, abrindo as portas da moradia.

Embora arrasado pelo desânimo, João admirava o interior doméstico.

A mobília inglesa emoldurava-se de telas custosas, de esculturas gregas, de copiosa alfaia italiana e de belos tapetes em que sobressaíam os gobelins na talagarça unida.

Enquanto conversavam, refrescos eram servidos em cristais da Boêmia.

Findo o repasto, a médium convidou os circunstantes à oração.

Bastava a prece para que João se recuperasse.

E dona Augusta transmitiu o passe e orou.

E pediu a Deus se compadecesse dela, afirmando-se a mulher mais sofredora do mundo. Dizia-se exausta de provações, fatigada, abatida, sem coragem de prosseguir. E chorava. E rogava a compaixão divina para a sua existência, verdadeiro "vale de lágrimas", segundo a sua própria expressão.

Quando terminou, João parecia realmente melhor. Sorria. Os visitantes apresentavam despedidas.

João Luna, muito comovido, exclamou para a dona da casa:

— Dona Augusta, Deus lhe pague o que a senhora fez por mim.

— Como assim, meu irmão? — disse a médium. — Eu nada fiz.

E João observou, reanimado, sem qualquer intenção de ferir:

— Recebi muito em sua prece, pois, se a senhora, no conforto que Deus lhe deu, afirma que é a mulher mais sofredora da Terra, eu, na minha casa de zinco, devo ser feliz sem saber.

25

A DOR DE CABEÇA

Sérgio Murilo chegou a casa, depois do baile carnavalesco.
Excitado.
Tomou o pijama e caminhou para o banheiro.
Chovia...
A garoa fria entrava pelo basculante aberto.
Trancou-se.
Queria água quente e acendeu o gás.
Enquanto esperava mais calor, tomou o lança-perfume e passou a sonhar, sonhar...
Sim, era casada...
Confessara que tinha o esposo e dois filhinhos, mas beijara-o loucamente, freneticamente.
Levara-a de carro até a residência e, no dia seguinte, terça-feira gorda, seria o encontro real.
Zélia! E a jovem senhora fantasiada encheu-lhe a imaginação...
— Amanhã, amanhã... — dizia baixinho, aspirando o éter.
Nisso, lembrou Sônia, a outra.
Sim, era casada igualmente.
Recordava-se!
Quando lhe dissera que não podia continuar, ela havia ficado em desespero.
E ingerira formicida em alta dose.

Quem poderia acreditar?
Todos diziam que Sônia tinha outros.
Outros e o marido... Leandro, o corredor.
Revia, agora, Leandro em pensamento...
O infeliz marido de Sônia enlouquecera após a morte dela, e sofrera um colapso quando em tratamento, no hospício.
Leandro... e sorriu, a sós...
A mãezinha de Sérgio, senhora espírita, que não lhe conhecia as aventuras, dissera-lhe, certa vez: "Meu filho, não sei o que se passa, mas soube que você está sendo seguido por um homem desencarnado, em atitudes vingadoras. Soube disso, em sessão, por intermédio do nosso benfeitor espiritual, quando perguntei por sua dor de cabeça. Nada mais soube senão que se chama Leandro... Penso tratar-se de algum inimigo de outras existências!..."
"Pobre mãe!" — pensava Sérgio — "'outras existências', boa saída! Certamente o médium conhecia-lhe o caso e enganava a pobre velha."
Isso fora no ano passado.
Leandro estava morto, coberto de terra.
A realidade era só isso.
E a realidade, agora, não era Sônia, mas Zélia...
— Amanhã — repetia enlevado.
Mas voltava a imagem de Leandro...
Por que pensar em Leandro quando queria Zélia?
Buscava Zélia, tentava reter a figura de Zélia, esperava Zélia, mas o reflexo de Leandro crescia sempre...
Parecia tê-lo perto, segurando-lhe a bisnaga ao pé do nariz... Coisa estranha!...
Enorme lassidão passou a invadir-lhe o corpo.
Lembrou-se do gás, mas não se pôde mexer.
Sim, via agora Leandro...
Leandro estava à frente dele e gargalhava.

Leandro, louco...
Estava morto ou vivo?
— Amanhã nem Sônia, nem Zélia... Você estará comigo! comigo!... — gritava-lhe a sombra.

* * *

Na manhã seguinte, falava-se em suicídio na vizinhança.

E, ao choro de uma velhinha, grande rabecão removeu um cadáver para o necrotério.

26
AO PÉ DO OUVIDO

Batuíra, o apóstolo do Espiritismo na capital paulista, instalara o seu grupo de estudo e caridade na Rua do Lavapés, quando numa reunião social foi abordado pelo Dr. Cesário Motta, grande médico e higienista, então deputado federal, com residência no Rio de Janeiro.

Conversa vai, conversa vem, disse-lhe o Dr. Cesário ao pé do ouvido:

— Você, meu amigo, precisa precaver-se. Não sou espírita, mas admiro-lhe a sinceridade. E tenho ouvido lamentáveis opiniões a seu respeito. Dizem por aí que você adota o nome de médium para explorar a bolsa pública; que você está rico de tanto enganar incautos e dizem também que você se isola com mulheres, em gabinetes, para seduzi-las, em nome da prece. Tudo calúnias, bem sei...

— E que sugere o senhor? — perguntou o amigo sereno.

— É importante que você se abstenha do Espiritismo...

— Mas, doutor — falou Batuíra, com humildade —, o senhor é médico e tem sido o nosso protetor na extinção da febre amarela e da varíola em São Paulo... Já vi o senhor tocar as feridas de muita gente... Enfermos para quem pedi seu amparo receberam a sua melhor atenção, embora vomitassem lama em forma de sangue... Nunca vi o senhor desanimar...

Pelo fato de o senhor encontrar tanta podridão nos corpos, poderia desistir da Medicina?

O Dr. Cesário sorriu satisfeito e falou:

— Sim, sim... Não seria possível... Você tem razão... Esquecia-me de que há podridão também nas almas...

E, batendo nos ombros do velho amigo, encerrou a questão, afirmando alegre:

— Vamos continuar...

O LIVRO ESPÍRITA

Cada livro edificante é porta libertadora.

O livro espírita, entretanto, emancipa a alma nos fundamentos da vida.

O livro científico livra da incultura; o livro espírita livra da crueldade, para que os louros intelectuais não se desregrem na delinquência.

O livro filosófico livra do preconceito; o livro espírita livra da divagação delirante, a fim de que a elucidação não se converta em palavras inúteis.

O livro piedoso livra do desespero; o livro espírita livra da superstição, para que a fé não se abastarde em fanatismo.

O livro jurídico livra da injustiça; o livro espírita livra da parcialidade, a fim de que o direito não se faça instrumento da opressão.

O livro técnico livra da insipiência; o livro espírita livra da vaidade, para que a especialização não seja manejada em prejuízo dos outros.

O livro de agricultura livra do primitivismo; o livro espírita livra da ambição desvairada, a fim de que o trabalho da gleba não se envileça.

O livro de regras sociais livra da rudeza de trato; o livro espírita livra da irresponsabilidade que, muitas vezes, transfigura o lar em atormentado reduto de sofrimento.

O livro de consolo livra da aflição; o livro espírita livra do êxtase inerte, para que o reconforto não se acomode em preguiça.

O livro de informações livra do atraso; o livro espírita livra do tempo perdido, a fim de que a hora vazia não nos arraste à queda em dívidas escabrosas.

Amparemos o livro respeitável, que é luz de hoje; no entanto, auxiliemos e divulguemos, quanto nos seja possível, o livro espírita, que é luz de hoje, amanhã e sempre.

O livro nobre livra da ignorância, mas o livro espírita livra da ignorância e livra do mal.

Emmanuel[1]

---

[1] Página recebida pelo médium Francisco Cândido Xavier, em reunião pública da Comunhão Espírita Cristã, na noite de 25 de fevereiro de 1963, em Uberaba (MG), e transcrita em *Reformador*, abr. 1963, p. 9.

www.febeditora.com.br
◯ ⓕ @febeditoraoficial
◖ ◉ @febeditora

Conselho Editorial:
Carlos Roberto Campetti
Cirne Ferreira de Araújo
Evandro Noleto Bezerra
Geraldo Campetti Sobrinho – Coord. Editorial
Jorge Godinho Barreto Nery – Presidente
Maria de Lourdes Pereira de Oliveira
Miriam Lúcia Herrera Masotti Dusi

Produção Editorial:
Elizabete de Jesus Moreira

Revisão:
Barbara de Castro
Elizabete de Jesus Moreira

Capa, Projeto gráfico e Diagramação:
Fernanda F. W. Chaibub

Foto de Capa:
http://istockphoto.com/ SensorSpot

Normalização Técnica:
Biblioteca de Obras Raras e Patrimônio do Livro

Esta edição foi impressa no sistema de Impressão pequenas tiragens, em formato fechado de 140x210 mm e com mancha de 102x161 mm. Os papéis utilizados foram o Off white 80 g/m² para o miolo e o Cartão 250 g/m² para a capa. O texto principal foi composto em fonte Minion Pro 11,5/14 e os títulos em Cardo 22/27. Impresso no Brasil. *Presita en Brazilo.*